AF629776

EatSmarter!

# RUHE IM BAUCH

Die 50 besten Low-FODMAP-Rezepte für einen gesunden Darm

riva

**Bibliografische Information der Deutschen Nationalbibliothek:**
Die Deutsche Nationalbibliothek verzeichnet diese Publikation in der Deutschen Nationalbibliografie. Detaillierte bibliografische Daten sind im Internet über http://d-nb.de abrufbar.

**Für Fragen und Anregungen:**
info@rivaverlag.de

Originalausgabe
1. Auflage 2017


Nymphenburger Straße 86
D-80636 München
Tel.: 089 651285-0
Fax: 089 652096



Text und Redaktion EatSmarter!: Katrin Koelle
Redaktion riva Verlag: Matthias Michel
Umschlagabbildungen und Abbildungen im Innenteil: S. 34: © StockFood / PhotoCuisine / Thys/Supperdelux; S. 35, Cover rechts oben: © StockFood / Eising Studio – Food Photo & Video; S. 60: © StockFood / Bacon, Quentin; S. 61: © StockFood / Urban, Martina; S. 69: © StockFood / Cato-Symonds, Shaun; S. 74: © StockFood / Sporrer/Skowronek; S. 88: © StockFood / Bender, Uwe; S. 90: © StockFood / Lingwood, William; alle anderen Bilder: eatsmarter.de/westermann-buroh.de
Satz: inpunkt[w]o, Haiger (www.inpunktwo.de)
Druck: Florjancic Tisk d.o.o., Slowenien
Printed in the EU

ISBN Print 978-3-7423-0360-8
ISBN E-Book (PDF) 978-3-95971-870-7
ISBN E-Book (EPUB, Mobi) 978-3-95971-871-4

# INHALT

# MEHR WOHLBEFINDEN DURCH LOW-FODMAP

Abwechselnd oder sogar gleichzeitig Schmerzen, Verdauungsprobleme, Krämpfe, Durchfall, aufgeblähter Bauch ... Sie kennen das wahrscheinlich, waren wegen solcher Beschwerden vielleicht schon beim Arzt – und mussten möglicherweise feststellen: Leider lassen sich in vielen Fällen trotz intensiver medizinischer Nachforschungen keine organischen Ursachen für die Probleme im Magen-Darm-Bereich finden.

Damit steht zwar fest, dass hinter Ihren Beschwerden keine ernstere Erkrankung steckt. Doch das ist ein relativ schwacher Trost, weil Sie sich schließlich krank fühlen und gerne wieder fit wären. Möchten Sie endlich etwas gegen Ihre quälenden Beschwerden tun? Dann sollten Sie etwas über FODMAPs und deren Vermeidung erfahren!

Der Begriff ist noch recht neu, doch hinter ihm verbergen sich alte Bekannte: fermentierbare Oligo-, Di- und Monosaccharide sowie Polyole (engl.: **F**ermentable **O**ligo-, **D**i-, **M**onosaccharides **A**nd **P**olyols). In der Hauptsache sind das kurzkettige Kohlenhydrate und Zuckeralkohole – Stoffe also, die von Natur aus in Nahrungsmitteln vorkommen und an sich völlig harmlos sind. Wer dafür aber empfindlich ist, reagiert auf einen oder mehrere dieser FODMAPs mit teilweise heftigen Verdauungsbeschwerden.

Genau da liegt der Schlüssel: Wenn Sie die FODMAPs kennen und wissen, in welchen Lebensmitteln sie in hohen Mengen enthalten sind, können Sie sich durch eine Umstellung Ihrer Ernährung von Ihren Beschwerden befreien. Die Chancen dafür stehen gut: Studien zeigen, dass Betroffene in etwa 80 Prozent der Fälle ihre Verdauungsprobleme deutlich lindern oder sogar beseitigen können, wenn sie FODMAPs reduzieren bzw. meiden.

Dieses Buch wird Sie auf Ihrem erfolgreichen Weg zu neuem Wohlbefinden mit nützlichen Infos und Tipps zur Low-FODMAP-Diät, mit einer umfangreichen Übersicht über den FODMAP-Gehalt von Lebens- und Genussmitteln und vielen leckeren Rezepten begleiten.

## SO FUNKTIONIERT DIE LOW-FODMAP-DIÄT

Das Wichtigste vorweg: Auch wenn die Liste der »verbotenen« Lebensmittel (die roten Felder der Lebensmittel-Ampeln ab Seite 9) ziemlich lang erscheint – Sie brauchen auf die darin aufgeführten Genüsse nicht für immer zu verzichten. Zumindest nicht auf alle, denn bei der Low-FODMAP-Diät geht es darum, die eigentlichen Übeltäter zu enttarnen.

Das heißt: Sobald Sie wissen, welche Nahrungsmittel Ihnen Beschwerden machen und welche Ihnen gut bekommen, können Sie innerhalb dieses Rahmens wieder völlig normal essen und trinken. Und keine Sorge – bei einem Blick auf die Liste der »erlaubten« Lebensmittel (die grünen bzw. individuell und in Maßen gelben Felder) werden Sie feststellen: da bleibt noch eine ganze Menge übrig.

Übrigens: Bei Eiern, Fisch, Meeresfrüchten, Geflügel und Fleisch können Sie auch während der Diätphase ohne Risiko zugreifen, denn sie enthalten keine FODMAPs.

## WIE LANGE DAUERT DIE DIÄT?

Als optimale Dauer empfehlen Experten vier bis sechs Wochen. In dieser Zeit meiden Sie bitte konsequent *alle* Lebensmittel, die viele FODMAPs enthalten (ab Seite 9 im roten Bereich der Lebensmittel-Ampeln). Normalerweise sollten sich Ihre Beschwerden ab etwa dem Ende der ersten Woche schon bessern; manchmal dauert es etwas länger.

**Bitte beachten!**
Es ist nicht auszuschließen, dass Sie unabhängig von Problemen mit FODMAPs auch an einer Unverträglichkeit oder Allergie gegen bestimmte Stoffe in Lebensmitteln leiden, ohne es zu wissen.

Sollten Sie sich trotz konsequenter Vermeidung der FODMAPs auch nach zwei bis vier Wochen nicht deutlich wohler fühlen, könnte dies eine der möglichen Ursachen für Ihre Verdauungsbeschwerden sein.

In diesem Fall sprechen Sie bitte mit Ihrem Arzt. Das Gleiche gilt, falls sich wider Erwarten Ihre Beschwerden verschlimmern oder Sie neue Beschwerden feststellen.

Leichte Störungen können übrigens wie bei allen Menschen trotzdem vorkommen, weil Sie zum Beispiel zu spät, zu viel, zu fett, zu eiweißreich gegessen haben.

## SORGEN SIE FÜR GENÜGEND BALLASTSTOFFE

Ein weiterer möglicher Grund für Beschwerden während der Low-FODMAP-Diät: Viele FODMAP-freie und daher für Sie günstige Lebensmittel enthalten kaum Ballaststoffe. Das kann unter Umständen zu neuen, anderen Verdauungsproblemen wie zum Beispiel Verstopfung führen. Mit der richtigen *Auswahl* der Lebensmittel können Sie das während der Low-FODMAP-Diät vermeiden.

Hier sehen Sie auf einen Blick, welche Lebensmittel aus dem grünen Bereich der Lebensmittel-Ampeln (ab Seite 9) besonders viele Ballaststoffe liefern:

| **Lebensmittel** | **Ballaststoffe pro 100 g (Rohgewicht)** |
|---|---|
| Leinsamen | 35 g |
| Chiasamen | 31 g |
| Kokosraspel | 24 g |
| Haferkleie | 18,6 g |
| Kokosflocken/-chips | 15 g |

| **Lebensmittel** | **Ballaststoffe pro 100 g (Rohgewicht)** |
|---|---|
| Amaranth | 10,3 g |
| Haferflocken (kernig) | 10 g |
| Popcorn | 10 g |
| Maismehl | 9,4 g |
| Glutenfreies Brot (im Durchschnitt) | 5,2 g |
| Okras | 4,9 g |
| Heidelbeeren/Blaubeeren | 4,9 g |
| Himbeeren | 4,6 g |
| Möhren | 3,6 g |
| Paprikaschoten | 3,6 g |
| Süßkartoffeln | 3,1 g |

Die Deutsche Gesellschaft für Ernährung e.V. (DGE) empfiehlt übrigens *mindestens* 30 g Ballaststoffe pro Tag. Wichtig: Trinken Sie viel, damit die Ballaststoffe aufquellen und dadurch optimal wirken können.

## UNVERTRÄGLICHKEITEN HERAUSFINDEN – SO KLAPPT ES

Nach vier bis sechs Wochen sollten Sie sich weitgehend beschwerdefrei fühlen. Jetzt kommt der spannende Moment, denn nun führen Sie nach und nach die bisher gemiedenen FODMAP-reichen Lebensmittelgruppen wieder ein.
Welche das sind, entscheiden Sie selbst ganz nach Lust und Appetit. Sie können zum Beispiel damit starten, dass Sie wieder Getreideprodukte wie Vollkornbrot und Pasta probieren oder sich wieder Milch bzw. Milchprodukte gönnen.

Nehmen Sie jeweils *nur Lebensmittel aus einer Gruppe* und achten Sie darauf, ob und wie sich Ihr Befinden damit verändert.
Am besten legen Sie ein *Ernährungs-Tagebuch* an, in dem Sie genau notieren, welches Lebensmittel Sie jeweils gegessen haben und wie Sie sich danach fühlen.

Bekommen Sie zum Beispiel nach einer Getreidemahlzeit oder nach dem Genuss von Milch Beschwerden, können Sie einen *weiteren Versuch* machen. Wiederholt sich der Effekt, liegt der Verdacht nahe, dass Sie eine Weizen- oder Gluten- bzw. Laktoseunverträglichkeit haben.

In diesem Fall sollten Sie die entsprechende Lebensmittelgruppe *weiterhin meiden* und mit einer anderen weitermachen. Außerdem sollten Sie so bald wie möglich beim Facharzt (Gastroenterologe/Internist) die eventuelle Unverträglichkeit untersuchen lassen.

Je langsamer Sie Lebensmittel wieder auf Ihren Speiseplan setzen, desto besser. Idealerweise warten Sie *mindestens drei Tage*, bevor Sie ein weiteres Lebensmittel neu einführen. Denn so lange können FODMAPs im Dickdarm bleiben – und so lange kann es auch dauern, bis Sie eventuell dadurch verursachte Beschwerden tatsächlich bemerken.

## NACH DER LOW-FODMAP-DIÄT: WIE GEHT ES WEITER?

Ganz ähnlich wie eine Schlankheits-Diät dauert auch eine Low-FODMAP-Diät nur eine gewisse Zeit und sollte nicht länger als einige Wochen durchgeführt werden. Zwar treten dabei keinerlei Mangelerscheinungen auf – aber ein dauerhafter Verzicht auf alle FODMAP-reichen Lebensmittel würde Ihre Lebensqualität mindern und wäre auch wenig sinnvoll.

Denn es geht ja »nur« darum, dass Sie herausfinden, welche Lebensmittel tatsächlich Ihr Wohlbefinden beeinträchtigen und welche nicht. Sobald Sie durch die Low-FODMAP-Diät die »Übeltäter« bestimmt haben, genügt es, sie entweder ganz zu meiden oder zumindest nur selten auf den Speiseplan zu setzen.

Alle Lebensmittel, die sich während der Low-FODMAP-Diät als gut verträglich herausgestellt haben, können Sie natürlich danach völlig bedenkenlos genießen.

Eine Wiederholung der Low-FODMAP-Diät ist möglich, macht aber nur dann Sinn, wenn Sie nach einer längeren Zeit ohne Beschwerden oder mit nur leichten Beschwerden plötzlich wieder öfter bzw. stärkere Verdauungsprobleme haben sollten.

# DIE LEBENSMITTEL-AMPELN

**FODMAP-Ampel für Obst und Nüsse**

| GÜNSTIG | IN KLEINEN PORTIONEN BEDINGT VERTRÄGLICH | UNGÜNSTIG |
|---|---|---|
| Ananas<br>Bananen<br>Blaubeeren/Heidelbeeren<br>Cantaloupe-Melonen<br>Chiasamen<br>Clementinen<br>Cranberrys (frisch)<br>Drachenfrucht<br>Erdbeeren<br>Galia-Melonen<br>Grapefruits<br>Hagebutten<br>Himbeeren<br>Honigmelonen<br>Kaktusfeigen<br>Karambolen (Sternfrüchte)<br>Kiwis<br>Kokosnuss<br>Kumquats<br>Leinsamen<br>Limetten<br>Loganbeeren<br>Mandarinen<br>Maracujas<br>Maronen (Esskastanien)<br>Minneolas<br>Netzmelonen<br>Orangen<br>Pampelmusen<br>Papayas<br>Passionsfrüchte<br>Preiselbeeren<br>Pomelos<br>Rhabarber | **Maximal 15 Stück pro Mahlzeit**:<br>Haselnusskerne<br>Mandeln<br>Walnusskerne<br><br>**Maximal 15 Gramm pro Mahlzeit**:<br>Erdnüsse<br>Kürbiskerne<br>Mohn<br>Paranüsse<br>Pinienkerne<br>Sesamsamen<br>Sonnenblumenkerne<br><br>**Außerdem:**<br>Gelee aus verträglichen Früchten<br>Konfitüre aus verträglichen Früchten | Äpfel<br>Aprikosen<br>Avocados<br>Birnen<br>Boysenbeeren<br>Brombeeren<br>Datteln<br>Feigen<br>Granatäpfel<br>Guaven<br>Johannisbeeren<br>Jostabeeren<br>Kakis<br>Kirschen<br>Litschis<br>Longans<br>Mangos<br>Mirabellen<br>Nashibirnen<br>Nektarinen<br>Persimonen<br>Pfirsiche<br>Pflaumen<br>Rambutans<br>Reineclauden<br>Sharonfrüchte<br>Stachelbeeren<br>Quitten<br>Wassermelonen<br>Zwetschgen<br><br>**Außerdem**:<br>Apfelmus<br>Cashews |

| GÜNSTIG | IN KLEINEN PORTIONEN BEDINGT VERTRÄGLICH | UNGÜNSTIG |
|---|---|---|
| Sanddorn<br>Stachelbeeren<br>Tangerinen<br>Weintrauben<br>Zitronen | | Fruchtkonzentrate<br>Fruchtsaftkonzentrate<br>Obstkonserven<br>Pistazien<br>Trockenobst (auch Rosinen) |

**FODMAP-Ampel für Gemüse**

| GÜNSTIG | IN KLEINEN PORTIONEN BEDINGT VERTRÄGLICH | UNGÜNSTIG |
|---|---|---|
| Auberginen<br>Bambussprossen<br>Blattsalate<br>Brunnenkresse<br>Chilischoten<br>Chinakohl<br>Eisbergsalat<br>Endivien-/Eskariolsalat<br>Feldsalat<br>Fenchel<br>Gartenkresse<br>Grüne Bohnen<br>Grünkohl<br>Gurken<br>Ingwer<br>Kartoffeln<br>Kochbananen<br>Kohlrabi<br>Kopfsalat<br>Kräuter<br>Kürbis<br>Mangold<br>Möhren/Karotten<br>Nori-Algen<br>Okras | **Maximal 200 g pro Mahlzeit:**<br>Brokkoli<br>Butternutkürbis<br>Mais<br>Rosenkohl<br><br>**Nur die grünen Teile von:**<br>Frühlingszwiebeln<br>Lauch/Porree<br>Lauchzwiebeln<br><br>**Maximal 15 Stück pro Mahlzeit:**<br>Kichererbsen | Artischocken<br>Blumenkohl<br>Bohnen (alle außer grünen Bohnen)<br>Chicorée<br>Erbsen<br>Frühlingszwiebeln (weißer Teil)<br>Kidneybohnen<br>Knoblauch<br>Knollensellerie<br>Lauch/Porree (weißer Teil)<br>Linsen<br>Löwenzahn<br>Paprikaschoten (grün)<br>Pilze<br>Radicchio<br>Rote Bete<br>Rotkohl<br>Sauerkraut<br>Schalotten<br>Schwarzwurzeln<br>Sojabohnen<br>Spargel<br>Topinambur |

| GÜNSTIG | IN KLEINEN PORTIONEN BEDINGT VERTRÄGLICH | UNGÜNSTIG |
|---|---|---|
| Oliven<br>Pak Choi, Paksoi<br>Paprikaschoten (gelb und rot)<br>Pastinaken<br>Peperoni<br>Petersilie<br>Radieschen<br>Rettich<br>Romanasalat<br>Rucola<br>Spinat<br>Sprossen<br>Staudensellerie<br>Steckrüben<br>Süßkartoffeln<br>Tomaten<br>Wasserkastanien<br>Zucchini | | Weißkohl<br>Wirsing<br>Zuckerschoten<br>Zwiebeln |

FODMAP-Ampel für Milch und Milchprodukte

| GÜNSTIG | IN KLEINEN PORTIONEN BEDINGT VERTRÄGLICH | UNGÜNSTIG |
|---|---|---|
| **Milch, Sauermilch und Milch-Alternativen:**<br>Laktosefreie Milch<br>Laktosefreier Joghurt<br>Laktosefreie Schlagsahne<br>Hafermilch<br>Hanfmilch<br>Mandelmilch<br>Reismilch<br>Sojamilch (aus Sojaprotein) | **Milch-Alternativen:**<br>Kokosmilch (max. 150 ml)<br><br>**Käse:**<br>Brie<br>Camembert<br><br>**Außerdem:**<br>Butter | **Milch, Sauermilch und Milch-Alternativen:**<br>Ayran<br>Buttermilch<br>Crème double<br>Crème fraîche<br>Dickmilch<br>Joghurt<br>Kaffeesahne<br>Kefir |

| GÜNSTIG | IN KLEINEN PORTIONEN BEDINGT VERTRÄGLICH | UNGÜNSTIG |
|---|---|---|
| **Käse:** | | Kondensmilch |
| Appenzeller | | Lassi |
| Bergkäse | | Milch (Kuh, Schaf, Ziege) |
| Butterkäse | | Milchpulver |
| Cheddar | | Molke |
| Chester | | Molkenpulver |
| Emmentaler | | Saure Sahne |
| Esrom | | Schlagsahne |
| Feta | | Schmand |
| Gorgonzola | | Skyr |
| Gouda | | Soja-Joghurt |
| Grana Padano | | Sojamilch (aus Sojabohnen) |
| Greyerzer | | Sojasahne |
| Gruyere | | |
| Handkäse | | **Käse:** |
| Harzer Käse | | Blauschimmelkäse |
| Havarti | | Frischkäse |
| Leerdamer | | Kochkäse |
| Mainzer Käse | | Körniger Frischkäse |
| Mozzarella (laktosefrei) | | Magerquark |
| Parmesan | | Mascarpone |
| Pecorino | | Mozzarella |
| Raclette | | Roquefort |
| Ricotta | | Schmelzkäse |
| Steppenkäse | | Speisequark |
| Tilsiter | | Streichkäse |
| **Süßes:** | | **Süßes:** |
| Eiscreme aus laktosefreier Milch | | Fertigpuddings und -desserts aus Milch |
| Fertigpuddings und -desserts aus laktosefreier Milch | | Milcheis |
| | | Vollmilchschokolade |
| | | Sahneeis |
| | | Süßigkeiten mit Milch (Kühlregal) |
| | | Weiße Schokolade |

**FODMAP-Ampel für Getreide und Getreideprodukte**

| GÜNSTIG | IN KLEINEN PORTIONEN BEDINGT VERTRÄGLICH | UNGÜNSTIG |
|---|---|---|
| **Körner und/oder Mehl:** | Cornflakes | **Körner und/oder Mehl:** |
| Amaranth | Gerste | Einkorn |
| Buchweizen | Kartoffel-Chips | Emmer |
| Dinkel | Sojamehl (max. 25 %) | Kamut (Khorasan Weizen) |
| Goldhirse | | Kichererbsen |
| Hafer | | Lupinen |
| Hirse | | Roggen |
| Johannisbrotmehl | | Urkorn |
| Kastanienmehl | | Weizen |
| Mais | | Zweikorn |
| Perlsago | | |
| Pfeilwurz | | **Produkte aus den genannten Getreidesorten:** |
| Quinoa | | Backmischungen |
| Reis | | Brezeln |
| Sago | | Brot |
| Sorghum | | Brötchen |
| Tapioka | | Bulgur |
| Teff (Zwerghirse) | | Couscous |
| | | Croissants |
| **Produkte aus (Pseudo-) Getreide:** | | Fertigteig (TK, Kühltruhe) |
| Buchweizennudeln | | Grieß |
| Glasnudeln | | Kekse |
| Haferflocken | | Knabbergebäck |
| Haferkleie | | Kuchen |
| Mais-Chips (Tortilla-Chips) | | Nudeln/Teigwaren |
| Maisgrieß (Polenta) | | Pizza |
| Maisnudeln | | Torten |
| Maisstärke | | Tortillas |
| Mais-Tacos | | Waffeln |
| Mais-Tortillas | | |
| Popcorn | | **Außerdem:** |
| Puffmais | | Müsli |
| Puffreis | | Müsli-Riegel |
| Reis-Chips | | |
| Reiscracker | | |
| Reisnudeln | | |

| GÜNSTIG | IN KLEINEN PORTIONEN BEDINGT VERTRÄGLICH | UNGÜNSTIG |
|---|---|---|
| Reispapier<br>Reisstärke<br>Reiswaffeln<br><br>**Außerdem:**<br>Kartoffelmehl<br>Kartoffelstärke<br>Mehl aus Samen und Nüssen<br>Glutenfreie Backmischungen<br>Glutenfreies Brot<br>Glutenfreier Fertigteig<br>Glutenfreie Kekse<br>Glutenfreier Kuchen<br>Glutenfreie Nudeln<br>Glutenfreie Pizza | | |

**FODMAP-Ampel für Gewürze, Backzutaten und Süßungsmittel**

| GÜNSTIG | IN KLEINEN PORTIONEN BEDINGT VERTRÄGLICH | UNGÜNSTIG |
|---|---|---|
| **Würzzutaten:**<br>Austernsoße<br>Chiliöl<br>Essig (alle Sorten)<br>Fischsoße<br>Getrocknete Kräuter (alle Sorten)<br>Gewürze (alle Sorten)<br>Knoblauchöl<br>Sojasoße (ohne Weizen!)<br>Miso-Paste<br>Senf<br>Worcestersoße | **Würzzutaten:**<br>Fertig-Würzmischungen (auf die Zutatenliste achten!)<br>Tahin (max. 3 Esslöffel) | **Würzzutaten:**<br>Brühwürfel<br>Chutneys<br>Fertig-Salatdressings<br>Fertigsoßen<br>Grillsoßen<br>Instant-Brühe<br>Ketchup<br>Relishes<br>Tomatenmark<br>Wasabi |

| GÜNSTIG | IN KLEINEN PORTIONEN BEDINGT VERTRÄGLICH | UNGÜNSTIG |
|---|---|---|
| Gelatine<br>Hefe<br>Natron<br>Sahnefestiger<br>Weinstein-Backpulver<br><br>**Süßungsmittel:**<br>Ahornsirup<br>Brauner Zucker<br>Kokosblütenzucker<br>Kristallzucker (Haushaltszucker, Saccharose)<br>Melasse<br>Palmzucker<br>Puderzucker<br>Reissirup<br>Stevia, E960<br>Sucralose, E955<br>Süßstoff Acesulfam, E905<br>Süßstoff Aspartam, E951<br>Süßstoff Aspartam-Acesulfam, E962<br>Traubenzucker (Dextrose, Glucose)<br>Zuckerrübensirup<br><br>**Backzutaten:**<br>Agar-Agar<br>Backpulver | | **Süßungsmittel:**<br>Agavensirup<br>Birkenzucker<br>Birnendicksaft<br>Erythritol (Erythrit), E968<br>Fruktose (Fruchtzucker)<br>Fruktosesirup<br>Glycerol, E422<br>Glukose-Fruktose Sirup (GFS)<br>High-Fruktose-Corn-Sirup (HFCS)<br>Honig<br>Invertzucker (und Zusatz von Invertase, E1103)<br>Isomaltol (Isomalt), E953<br>Lactitol (Lactit), E966<br>Laktose (Milchzucker)<br>Maissirup<br>Maltitol (Maltit), E965<br>Mannitol (Mannit), E421<br>Sorbitol (Sorbit), E420<br>Xylitol (Xylit), E967<br>Yacon-Zucker |

## FODMAP-Ampel für Getränke

| GÜNSTIG | IN KLEINEN PORTIONEN BEDINGT VERTRÄGLICH | UNGÜNSTIG |
|---|---|---|
| **Kalte Getränke:**<br>Cranberrysaft<br>Kombucha<br>Limonaden (ohne Süßstoffe)<br>Mineralwasser<br>Mineralwasser aromatisiert<br>Möhrensaft<br>Selbstgepresste Säfte aus günstigen Gemüsesorten (s. S. 10) | **Kalte Getränke:**<br>Fruchtsäfte (maximal 1/8 l)<br>Selbstgepresste Säfte aus günstigen Fruchtsorten (s. S. 9) | **Kalte Getränke:**<br>ACE-Säfte<br>Apfelsaft<br>Birnensaft<br>Fruchtnektar<br>Fruchtsaft aus Konzentrat<br>Limonaden mit Süßstoffen<br>Multivitaminsäfte<br>Orangensaft |
| **Warme Getränke:**<br>Espresso<br>Grüner Tee<br>Kaffee<br>Kakao (aus Kakaopulver und laktosefreier Milch)<br>Pfefferminztee<br>Rooibostee<br>Weißer Tee | **Warme Getränke:**<br>Chai (nur kurz ziehen lassen)<br>Früchtetee (nur kurz ziehen lassen)<br>Kräutertee (nur kurz ziehen lassen)<br>Schwarzer Tee (nur kurz ziehen lassen) | **Warme Getränke:**<br>Fencheltee<br>Getreidekaffee<br>Kamillentee<br>Malzkaffee<br>Zichorienkaffee |
| **Alkoholische Getränke:**<br>Spirituosen (alle außer Rum)<br>Trockener Wein<br>Trockener Sekt, Champagner bzw. Schaumweine | **Alkoholische Getränke:**<br>Bier (1 Glas) | **Alkoholische Getränke:**<br>Liköre<br>Likörweine<br>Portwein<br>Prosecco (halbtrocken, süß)<br>Rum<br>Sekt (halbtrocken, süß)<br>Sherry<br>Wein (halbtrocken, süß) |

# INFORMATIONEN ZU DEN NÄHRWERTEN

Die EatSmarter!-Bewertung informiert Sie auf die Schnelle, was das gewählte Rezept Ihrem Körper zu bieten hat. Dafür haben Ernährungsexperten jeweils alle wichtigen Inhaltsstoffe unter die Lupe genommen, die Vor- und Nachteile gegeneinander abgewogen und das komplette Gericht sorgfältig bewertet.

## KALORIEN/ENERGIE

Kalorienangaben finden Sie überall. Aber EatSmarter! bewertet auch die Menge an wichtigen Nährstoffen, also die Qualität eines Gerichts. Anhand der Bewertung erkennen Sie, wie viel Gutes im gewählten Gericht zu finden ist; man spricht dabei von der Nährstoffdichte.

## FETTE UND GESÄTTIGTE FETTSÄUREN

Beim Fett kommt es auf das ausgewogene Verhältnis seiner Bestandteile, der Fettsäuren, an. Weil die meisten von uns zu viele gesättigte Fettsäuren konsumieren, sind diese hier extra ausgewiesen.

## EIWEISS/PROTEIN

Eiweiß (Protein) gehört zu den Grundbausteinen menschlicher Zellen. Eiweiße steuern unzählige wichtige Prozesse im Körper, darunter den Stoffwechsel. In fast allen Nahrungsmitteln kommen Eiweiße vor – sowohl in pflanzlichen wie in tierischen. Die bekanntesten Proteinlieferanten sind Eier, Fleisch, Fisch und Milchprodukte sowie Hülsenfrüchte und Kartoffeln.

## KOHLENHYDRATE

Kohlenhydrate bilden – neben Eiweißen und Fetten – den größten Bestandteil unserer Ernährung. Kohlenhydrate bestehen hauptsächlich aus Zuckermolekülen und sind wichtige Energielieferanten für unseren Körper, beispielsweise für die Gehirn- und Muskelfunktionen.

## ZUCKER

Natürlich süße Früchte, Säfte und andere Naturprodukte spielen bei der Bewertung keine Rolle. Hier geht es nur um den haushaltsüblichen Zucker aus der Tüte und zuckerhaltige Süßungsmittel, die beim Zubereiten hinzugefügt werden.

## BALLASTSTOFFE

Ballaststoffe spielen eine wichtige Rolle bei der Sättigung und helfen, den Verdaungstrakt gesund zu halten. Deshalb gilt: je mehr Ballaststoffe, desto besser.

# FRÜHSTÜCK

# KRABBENRÜHREI MIT DILL UND FENCHEL

*Pro Portion: Kilokalorien: 263; Fett: 11 g; gesättigte Fettsäuren: 3,5 g; Eiweiß: 25 g; Kohlenhydrate: 14 g; Zucker: 0 g; Ballaststoffe: 4 g*

20 MIN.

*Zutaten für 2 Portionen*

½ Fenchelknolle (ca. 125 g)
3 Stiele Dill
3 Eier
3 EL laktosefreie Milch (3,5 % Fett)
100 g Nordseekrabbenfleisch
Salz
Pfeffer
2 Scheiben glutenfreies Brot

1. Fenchel putzen und waschen. Das Fenchelgrün trocken schütteln, fein hacken und beiseitelegen. Fenchel auf einer großen Reibe fein raspeln und ebenfalls beiseitestellen.
2. Dill waschen, trocken schütteln, Fähnchen abzupfen und hacken. Mit dem Fenchelgrün, Eiern und Milch in einer Schüssel verquirlen.
3. Krabbenfleisch unterheben, mit Salz und Pfeffer würzen.
4. Krabben-Ei-Masse in eine beschichtete Pfanne gießen und bei schwacher Hitze fest werden (stocken) lassen. Dabei einen Pfannenwender mehrfach vom Pfannenrand zur Mitte durch die Eimasse ziehen.
5. Brotscheiben im Toaster rösten. Fenchel darauf verteilen und das Krabbenrührei darauf anrichten.

## WARUM GESUND

*Diese Stulle der Sonderklasse versorgt Sie mit vielen nützlichen Nährstoffen. Allen voran sind das die Vitamine A und D, außerdem die Spurenelemente Jod und Zink (besonders gut für Haut, Haar und Nägel sowie fürs Immunsystem).*

## NOCH SMARTER

*Soll das Rührei-Brot eine Hauptmahlzeit ersetzen, servieren Sie einen grünen oder gemischten Salat dazu. Dann sieht auch die Ballaststoffbilanz noch besser aus!*

# STRAMMES MÄXCHEN MIT WACHTELEIERN UND BRESAOLA

*Pro Portion: Kilokalorien: 292; Fett: 19 g; gesättigte Fettsäuren: 8,1 g; Eiweiß: 15 g; Kohlenhydrate: 13 g; Zucker: 0 g; Ballaststoffe: 2 g*

25 MIN.

*Zutaten für 4 Portionen*

- 8 Scheiben glutenfreies Ciabattabrot (ca. 1 cm dick)
- 2 EL Olivenöl
- 20 g laktosefreie Butter
- 8 Wachteleier
- 4 Stiele Basilikum
- 8 Scheiben Bresaola oder Bündnerfleisch
- 70 g junger Pecorino
- Pfeffer
- Meersalz

1. Die Brotscheiben auf den Backofenrost über ein Backblech legen. Mit Olivenöl bestreichen und im vorgeheizten Backofen bei 200 °C (Umluft: 180 °C, Gas: Stufe 3) auf der mittleren Schiene 7–8 Minuten lang goldbraun backen.
2. Inzwischen in einer Pfanne die Butter bei schwacher Hitze schmelzen. Vom Herd nehmen. Die Wachteleier vorsichtig aufschlagen und in die Pfanne geben.
3. Die Pfanne wieder auf den Herd stellen und bei mittlerer Hitze in ca. 3 Minuten Spiegeleier braten. Basilikum waschen, trocken schütteln und die Blätter abzupfen.
4. Brote aus dem Ofen nehmen. Jedes Brot mit 1 Scheibe Bresaola und 1 Spiegelei belegen. Den Käse darüber bröseln. Mit grobem Pfeffer, Meersalz und Basilikumblättern bestreut servieren.

## WARUM GESUND

*Die italienische Variante des beliebten »strammen Max« präsentiert sich weitaus fett-und kalorienärmer als das Original. Ein besonderes Plus ist der hohe Biotingehalt, der einen gesunden Stoffwechsel unterstützt.*

## NOCH SMARTER

*Wenn Sie die Wachteleier in einer beschichteten Pfanne braten, kommen Sie mit einem Teelöffel Butter aus. So sparen Sie Fettkalorien und tierische Fette ein.*

# KOKOSMÜSLI MIT ANANAS

*Pro Portion: Kilokalorien: 351; Fett: 7 g; gesättigte Fettsäuren: 4,9 g; Eiweiß: 5 g; Kohlenhydrate: 65 g; Zucker: 8 g; Ballaststoffe: 5 g*

5 MIN.

*Zutaten für 2 Portionen*

2 Scheiben Ananas (ohne Schale; ca. 150 g)
2 EL Kokosraspeln
8 EL Hirseflocken (ca. 80 g)
400 ml Kokoswasser (Tetrapak)
4 TL Ahornsirup

1. Ananas fein würfeln und in eine kleine Schüssel geben.
2. Kokosraspeln, Hirseflocken und Kokoswasser untermischen. Kokosmüsli mit Ahornsirup süßen und servieren.

## WARUM GESUND

*Kokoswasser ist fettarm und reich an Kalium – wichtig zur Regulierung des Wasserhaushalts. Die Hirse liefert reichlich Eisen.*

## NOCH SMARTER

*Ananas enthält die essentielle Aminosäure Tryptophan und sorgt damit für einen hohen Serotoninspiegel. Dieser Botenstoff bringt gute Laune, macht ausgeglichen und entspannt.*

# MELONEN-SPINAT-SAFT MIT ZIMT

*Pro Portion: Kilokalorien: 82; Fett: 0 g; gesättigte Fettsäuren: 0 g; Eiweiß: 4 g; Kohlenhydrate: 15 g; Zucker: 0 g; Ballaststoffe: 0 g*

15 MIN.

*Zutaten für 2 Portionen*

1 kleine Honigmelone (ca. 350 g)
500 g junger Blattspinat
½ Zimtstange
Muskatnuss
Eiswürfel

1. Die Melone halbieren und mit einem Löffel entkernen. Melone zunächst in Spalten teilen, dann das Fruchtfleisch von der Schale schneiden und grob würfeln.
2. Den Spinat putzen und in einer Schüssel mit Wasser gründlich waschen. Dabei das Wasser mehrmals erneuern, bis es klar bleibt. Spinat in einem Sieb abtropfen lassen.
3. Von der Zimtstange mit einem kleinen scharfen Messer dünne Streifen abschaben.
4. Den Spinat leicht ausdrücken; nach Belieben je 2 Blättchen und kleine Stängel für die Garnitur zurücklegen. Den Rest mit der Melone in einem Entsafter entsaften und mit Eiswürfeln in ein Glas geben. Etwas Muskat darüberreiben, mit Zimt und eventuell dem beiseitegelegten Spinat garnieren und sofort genießen.

## WARUM GESUND

*Für die Sehkraft und für eine schöne, glatte Haut ist der Drink goldrichtig: Ein Glas davon deckt fast das Doppelte des täglichen Provitamin-A-Bedarfs. Auch für die Abwehrkräfte und den Stoffwechsel ist bei 90 Prozent des Tagessolls an Vitamin C gut gesorgt.*

## NOCH SMARTER

*Die fast gänzlich aus Wasser bestehende Melone und der kaliumreiche Spinat bilden ein super Team in Sachen natürliche, sanfte Entwässerung und Entschlackung.*

# ERDBEERMÜSLI MIT HIRSE- UND HAFERFLOCKEN

*Pro Portion: Kilokalorien: 288; Fett: 5 g; gesättigte Fettsäuren: 1,8 g; Eiweiß: 10 g; Kohlenhydrate: 49 g; Zucker: 11 g; Ballaststoffe: 5,5 g*

45 MIN.

*Zutaten für 2 Portionen*

4 EL Hirseflocken
4 EL kernige Haferflocken (glutenfrei)
2 TL getrocknete Cranberrys
150 ml laktosefreie Milch (1,5 % Fett)
150 g laktosefreier Joghurt (1,5 % Fett)
250 g Erdbeeren
2 EL Reissirup

1. Hirseflocken, Haferflocken und Cranberrys in eine Schüssel geben.
2. Die Milch erwärmen, mit 100 g Joghurt verrühren und unter die Flockenmischung rühren. Etwa 30 Minuten quellen lassen.
3. Inzwischen die Erdbeeren in einer Schüssel mit kaltem Wasser vorsichtig waschen, mit Küchenpapier trocken tupfen und putzen. Je nach Größe der Länge nach halbieren oder vierteln.
4. Müsli mit 1 EL Reissirup süßen und in Schälchen geben.
5. Restlichen Joghurt glatt rühren, mit den Erdbeeren auf dem Müsli anrichten. Mit dem restlichen Sirup beträufeln.

## WARUM GESUND

*Das beerenstarke Frühstück hat es wahrlich in sich: Die Ballaststoffe aus den Getreideflocken halten schön lange satt und verhindern so den Griff zu kalorienhaltigen Snacks zwischendurch.*

## NOCH SMARTER

*Wenn es morgens schnell gehen muss, lassen Sie die Flocken-Cranberry-Mischung einfach über Nacht quellen (bitte im Kühlschrank aufbewahren).*

# NATURREIS-PORRIDGE MIT KARDAMOM UND ZIMT

*Pro Portion: Kilokalorien: 269; Fett: 4 g; gesättigte Fettsäuren: 2,5 g; Eiweiß: 7 g; Kohlenhydrate: 49 g; Zucker: 2 g; Ballaststoffe: 2,5 g*

**1 STD. 10 MIN.**

*Zutaten für 4 Portionen*

175 g Naturreis
2 EL Bananenchips
450 ml laktosefreie Milch (1,5 % Fett)
2 Stiele Zitronenmelisse
1 EL Ahornsirup
1 Msp. Kardamom
1 TL Zimt
1 EL Kokoschips

1. 475 ml Wasser aufkochen und den Reis hineingeben. Nochmals aufkochen und zugedeckt bei schwacher Hitze 45 Minuten köcheln lassen, bis das Wasser vollständig aufgenommen wurde. (Lässt sich gut am Vortag vorbereiten.)
2. Bananenchips grob hacken.
3. Milch in einen Topf geben, den Reis dazugeben und zum Kochen bringen. Unter ständigem Rühren bei schwacher Hitze 5–6 Minuten cremig kochen. Zitronenmelisse waschen, trocken tupfen und Blättchen abzupfen.
4. Ahornsirup, Kardamom und Zimt unter den Reis rühren. Weitere 3 Minuten sanft köcheln lassen. Porridge in Schälchen geben. Mit Bananen- und Kokoschips bestreuen, mit Zitronenmelisse garnieren und servieren.

## WARUM GESUND

*Beim Naturreis, auch als Vollkornreis bezeichnet, stecken die Körner noch im sogenannten Silberhäutchen und enthalten den Keimling. Beides liefert viele wichtige Vitamine, Mineralstoffe und Spurenelemente. Der vollwertige Reis hat außerdem mehr Ballaststoffe als polierter Weißreis.*

## NOCH SMARTER

*Geben Sie zusätzlich frische Früchte in den Brei, sie bringen eine Extraportion an Vitaminen und sekundären Pflanzenstoffen!*

# KOKOS-MILCHREIS MIT OBSTSALAT

*Pro Portion: Kilokalorien: 386; Fett: 12 g; gesättigte Fettsäuren: 9,9 g; Eiweiß: 5 g; Kohlenhydrate: 62 g; Zucker: 11 g; Ballaststoffe: 4,5 g*

**2 STD. 15 MIN.**

*Zutaten für 4 Portionen*

½ Bio-Zitrone
400 ml Kokosmilch (9 % Fett)
1 Prise Salz
200 g Rundkornreis
60 g Ahornsirup
20 g Kokosflocken
600 g gemischtes Obst der Saison (z. B. Orange, Ananas, Melone, Kiwi, Weintrauben)

1. Zitrone heiß abspülen, trocken reiben und die Schale mit einem Sparschäler in Spiralen dünn abschneiden. Zitrone auspressen.
2. In einem Topf 400 ml Wasser, Kokosmilch, Salz, Reis und die Zitronenschale zum Kochen bringen. Zugedeckt bei schwacher Hitze etwa 25 Minuten garen, dabei ab und zu umrühren.
3. Zitronenschale herausnehmen. Ahornsirup und Kokosflocken unter den Reis ziehen, in eine Schüssel umfüllen. Etwa 40 Minuten abkühlen lassen und anschließend zugedeckt für mindestens 1 Stunde kalt stellen.
4. Inzwischen das Obst waschen, putzen, schälen und gegebenenfalls entkernen. Größere Früchte halbieren oder vierteln und in mundgerechte Stücke schneiden.
5. Alle Obstsorten in einer großen Schüssel mischen und mit dem Zitronensaft beträufeln.
6. Den Kokos-Milchreis nochmals durchrühren (falls er sehr fest ist, evtl. noch etwas Wasser unterrühren) und mit dem Obstsalat servieren.

## NOCH SMARTER

*Sie können natürlich auch Vollkornreis nehmen; dann verdoppelt sich allerdings die Garzeit und Sie müssen etwas mehr Flüssigkeit dazugeben.*

## WARUM GESUND

*Der Mix aus Kokosmilch und Reis schmeckt klasse und macht schön satt; der Obstsalat dazu sorgt für eine dicke Portion Vitamine.*

# EXOTISCHER GURKEN-DRINK MIT PAPAYA UND ORANGE

*Pro Portion: Kilokalorien: 125; Fett: 1 g; gesättigte Fettsäuren: 0,2 g; Eiweiß: 4 g; Kohlenhydrate: 23 g; Zucker: 0 g; Ballaststoffe: 7,5 g*

10 MIN.

*Zutaten für 2 Portionen*

1 reife Papaya (ca. 200 g)
½ Bio-Salatgurke (ca. 500 g)
4 kleine Orangen (à ca. 125 g)
Eiswürfel

1. Papaya schälen, das Fruchtfleisch würfeln und mit den Kernen in einen Standmixer geben.
2. Gurke gründlich waschen, 2 dünne Scheiben abschneiden und beiseitelegen. Restliche Gurke schälen, würfeln und ebenfalls in den Mixer geben.
3. Die Orangen so dick schälen, dass die weiße Haut mit entfernt wird. 2 Scheiben von einer Orange abschneiden und beiseitelegen.
4. Restliche Orangen würfeln. Mit Eiswürfeln in den Mixer geben und alles auf höchster Stufe fein pürieren. In hohe Gläser gießen, mit Gurken- und Orangenscheiben garnieren.

## WARUM GESUND

*Mehr Vitamin C passt in kein Glas – dank Papaya und Orange bekommt der Körper pro Drink mal eben das Doppelte des Tagesbedarfs! Von einer guten Vitamin-C-Versorgung profitiert unter anderem das Zahnfleisch, das in Mangelsituationen zu Blutungen neigt.*

## NOCH SMARTER

*Für eine besonders frische Note sorgen Eiswürfel mit Limettensaft. Deshalb lohnt es sich, einen Vorrat davon anzulegen und bei Bedarf darauf zurückzugreifen: Geben Sie ein paar Spritzer Limettensaft in das Wasser, aus dem Sie die Eiswürfel bereiten.*

# GRATINIERTER PORRIDGE MIT BANANEN UND JOGHURT

*Pro Portion: Kilokalorien: 516; Fett: 12 g; gesättigte Fettsäuren: 6,7 g; Eiweiß: 13 g; Kohlenhydrate: 84 g; Zucker: 30 g; Ballaststoffe: 4 g*

25 MIN.

*Zutaten für 2 Portionen*

5 EL kernige Haferflocken (50 g; glutenfrei)
400 ml laktosefreie Milch (1,5 % Fett)
1 TL Zimt
1 Prise Salz
½ Zitrone
2 mittelgroße Bananen
75 g laktosefreier Joghurt (3,8 % Fett)
75 g laktosefreier Schmand
3 EL Rohrohrzucker

1. Haferflocken, Milch, Zimt und Salz in einem Topf bei mittlerer Hitze unter ständigem Rühren aufkochen. Anschließend 1 Minute köcheln lassen.
2. Zitrone auspressen. Bananen schälen und schräg in Scheiben schneiden, mit 1 TL Zitronensaft beträufeln.
3. Den gegarten Porridge in 2 ofenfeste Schälchen geben und die Bananenscheiben darauflegen.
4. Joghurt und Schmand gut verrühren. Auf den Bananen verteilen, mit Zucker bestreuen.
5. Unter dem heißen Backofengrill oder mit dem Bunsenbrenner überbacken bzw. gratinieren und sofort servieren.

## WARUM GESUND

*Mit Obst, Joghurt und ein paar Minuten unterm Grill gerät der für Mitteleuropäer ziemlich gewöhnungsbedürftige angelsächsische Sattmacher zum köstlichen und dazu mineralstoffreichen Frühstück: Bananen bringen viel Kalium für einen ausgeglichenen Wasserhaushalt mit, Joghurt punktet mit Kalzium für feste Zähne und Knochen.*

## NOCH SMARTER

*Wer sich die deutsche Antwort auf englisches Porridge und französische Crème brûlée etwas kalorienärmer wünscht, nimmt dafür einfach nur laktosefreien Joghurt mit 1,5 % Fett.*

# KOKOS-BANANEN-SMOOTHIE MIT CRANBERRYS

*Pro Portion: Kilokalorien: 196; Fett: 4 g; gesättigte Fettsäuren: 2 g; Eiweiß: 5 g; Kohlenhydrate: 34 g; Zucker: 0 g; Ballaststoffe: 3,5 g*

**10 MIN.**

*Zutaten für 2 Portionen*

2 kleine Bio-Bananen
1 Limette
2 EL Cranberrys
300 ml Kokosmilch (9 % Fett)
4 EL laktosefreier Joghurt (1,5 % Fett)
Eiswürfel

1. Die Bananen gut waschen, trocken tupfen und die unteren Enden entfernen. Anschließend jeweils 3 Scheiben abschneiden und auf einem kleinen Teller beiseitestellen.
2. Restliche Bananen schälen, auf einem Teller mit einer Gabel leicht zerdrücken und in ein hohes Gefäß geben. Mit einem Stabmixer pürieren.
3. Die Limette heiß abspülen, trocken reiben und mit einem Sparschäler einen dünnen, schmalen Streifen Schale abziehen. Limette auspressen, den Saft zur pürierten Banane geben.
4. Cranberrys waschen und abtupfen. Mit Kokosmilch, Joghurt und Eiswürfeln zum Bananenpüree geben und alles kurz durchmixen.
5. In Gläser füllen, mit Bananenscheiben und Limettenschale garnieren.

### WARUM GESUND

*Mit dem Smoothie erfüllen Sie das Tagessoll an Kalzium zu rund 70 Prozent. Wie das kommt? Die fettarme Kokosmilch ist angereichert mit dem Stoff, der für gesunde und starke Knochen sorgt!*

### NOCH SMARTER

*Bananen enthalten eine dicke Portion Tryptophan und reichlich Fruchtzucker – das regt die körpereigene Produktion des sogenannten Glückshormons Serotonin an. Dazu kommen Anti-Stress-Mineralstoffe wie Magnesium und Kalium.*

# EIER IM GLAS MIT GEMÜSE-SALSA

*Pro Portion: Kilokalorien: 98; Fett: 6 g; gesättigte Fettsäuren: 1,8 g; Eiweiß: 7 g; Kohlenhydrate: 2 g; Zucker: 0 g; Ballaststoffe: 1 g*

20 MIN.

*Zutaten für 4 Portionen*

1 Zucchini (200 g)
1 Tomate
1 Frühlingszwiebel (nur das Grün)
4 Eier (S)
2 Stiele Dill
1 TL Olivenöl
Salz
Pfeffer

1. Zucchini waschen, putzen und fein würfeln.
2. Tomate waschen, den Stielansatz keilförmig herausschneiden und ebenfalls fein würfeln.
3. Die grünen Teile der Frühlingszwiebel putzen, waschen und in sehr dünne Ringe schneiden. Mit Zucchini und Tomaten in einer Schüssel mischen.
4. Eier anstechen, mit einem Esslöffel in kochendes Wasser legen und in 5–6 Minuten wachsweich kochen.
5. Inzwischen Dill waschen, trocken schütteln und die Spitzen abzupfen. Etwa 2/3 grob hacken und mit dem Öl unter das Gemüse heben.
6. Mit Salz und Pfeffer abschmecken. Die Gemüse-Salsa in Bechergläser verteilen, dabei ca. 4 TL Salsa für die Garnitur zurückbehalten.
7. Eier unter fließendem kaltem Wasser abschrecken und pellen.
8. Je 1 Ei in ein Glas geben und von oben her so einschneiden, dass das Eigelb sichtbar wird. Leicht salzen, mit restlicher Salsa und restlichen Dillspitzen garnieren. Sofort servieren.

## NOCH SMARTER

*Für eine noch bessere Vitamin- und Mineralstoffbilanz: Peppen Sie die würzige Eierspeise mit weiteren gehackten Kräutern auf, z. B. mit Petersilie, Schnittlauch, Kerbel oder Kresse.*

## WARUM GESUND

*Der Gemüse-Kräuter-Mix ergänzt die fettlöslichen Vitamine A, E und D (aus den Eiern) mit zellschützendem Lycopin (aus Tomaten). Und auch der Mineralstoffgehalt ist nicht zu verachten!*

# BLINIS MIT RÄUCHERLACHS

*Pro Portion: Kilokalorien: 643; Fett: 41 g; gesättigte Fettsäuren: 18 g; Eiweiß: 25 g; Kohlenhydrate: 44 g; Zucker: 20,6 g; Ballaststoffe: 4 g*

45 MIN.

*Zutaten für 4 Portionen*

10 g frische Hefe
500 ml laktosefreie Milch
1 TL Reissirup
4 Eier
1 Prise Salz
200 g Kastanienmehl
2 EL Rapsöl
250 g laktosefreier Schmand
200 g Räucherlachs in Scheiben
Dillspitzen zum Garnieren

1. Die Hefe zerbröckeln und in der warmen Milch auflösen. Mit Sirup, Eiern und Salz verquirlen. Das Mehl nach und nach unterrühren. Den Teig 15 Minuten quellen lassen.
2. Etwas Rapsöl in einer beschichteten Pfanne erhitzen und kleine Blinis aus dem Teig backen. Wiederholen, bis der Teig verbraucht ist.
3. Den Schmand glatt rühren. Die Blinis auf Teller verteilen, mit Schmand bestreichen und mit Räucherlachs belegen. Mit Dillspitzen garnieren und servieren.

## WARUM GESUND

*Der Räucherlachs versorgt Sie mit einer guten Portion Omega-3-Fettsäuren – das tut Herz, Gefäßen und auch den grauen Zellen gut.*

## NOCH SMARTER

*Wer Kalorien sparen möchte, der kann die Blinis auch mit Joghurt statt mit Schmand toppen.*

# PANCAKES MIT HEIDELBEEREN

*Pro Portion: Kilokalorien: 727; Fett: 25,4 g; gesättigte Fettsäuren: 13,6 g; Eiweiß: 20,7 g; Kohlenhydrate: 101 g; Zucker: 47 g; Ballaststoffe: 7 g*

25 MIN.

*Zutaten für 2 Portionen*

40 g laktosefreie Butter
1 Vanilleschote
3 Eier
30 g Puderzucker
200 g Buttermilch-Drink (laktosefrei)
½ TL Natron
150 g glutenfreie Mehlmischung
2 TL Backpulver
200 g Heidelbeeren
2 EL Ahornsirup

1. Für den Teig die Hälfte der Butter in einer Pfanne zerlassen und abkühlen lassen. Vanilleschote der Länge nach halbieren und das Mark herauskratzen. Ein Ei trennen und das Eiweiß anderweitig verwenden.
2. Das Eigelb mit den übrigen Eiern, dem Puderzucker und dem Vanillemark verrühren. Buttermilch, Natron, zerlassene Butter, Mehl sowie Backpulver dazugeben und alles zu einem glatten Teig verrühren.
3. Die übrige Butter in der Pfanne erhitzen, den Teig hineingeben und bei milder Hitze etwa 6 Minuten backen. Wenden und weitere 5 Minuten backen.
4. Heidelbeeren waschen, abtropfen lassen. Den Pfannkuchen halbieren, auf Tellern anrichten, mit Ahornsirup beträufeln und mit den Heidelbeeren servieren.

## WARUM GESUND

*In Heidelbeeren steckt eine geballte Ladung Flavonoide. Diese sekundären Pflanzenstoffe schützen die Körperzellen vor schädlichen freien Radikalen.*

## NOCH SMARTER

*Für eine herzhafte Torte einfach Zucchiniraspel statt Äpfel unter den Quark ziehen und mit gehacktem Basilikum, Salz und Pfeffer würzen. Die Pfannkuchen mit dem pikanten Quark und Tomatenscheiben übereinanderschichten.*

# BUCHWEIZEN-KRÄUTER-GRÜTZE MIT PUTENSTREIFEN UND JOGHURT

*Pro Portion: Kilokalorien: 535; Fett: 11 g; gesättigte Fettsäuren: 3,2 g; Eiweiß: 46 g; Kohlenhydrate: 60 g; Zucker: 0 g; Ballaststoffe: 8 g*

15 MIN.

*Zutaten für 2 Portionen*

125 g Buchweizengrütze (mittelfein)
2 Bund Frühlingszwiebeln (nur das Grün)
2 Putenschnitzel (à ca. 150 g)
1 EL Olivenöl
50 g Frankfurter Kräuter
Salz
Pfeffer
150 g laktosefreier Joghurt (3,5 % Fett)

1. 450 ml leicht gesalzenes Wasser aufkochen. Buchweizengrütze in einem Sieb unter fließendem heißem Wasser abspülen, abtropfen lassen, in das kochende Wasser geben und unter Rühren erneut aufkochen.
2. Buchweizengrütze zugedeckt bei schwacher Hitze 10–12 Minuten quellen lassen, dabei gelegentlich umrühren.
3. Frühlingszwiebeln putzen, waschen und die grünen Teile in dünne Ringe schneiden.
4. Putenschnitzel waschen, mit Küchenpapier trocken tupfen und in lange, schmale Streifen (Sticks) schneiden.
5. Olivenöl in einer Pfanne erhitzen und die Putensticks unter häufigem Wenden rundum etwa 4 Minuten bei mittlerer Hitze goldbraun braten.
6. Kräuter waschen, trocken schütteln, Blättchen abzupfen und fein hacken. Etwa 1/3 davon beiseitelegen, den Rest mit den Frühlingszwiebeln unter die Buchweizengrütze rühren. Mit Salz und Pfeffer abschmecken.
7. Den Joghurt glatt rühren. Buchweizengrütze mit Putensticks anrichten, restliche Kräuter darüberstreuen und den Joghurt dazu servieren.

## NOCH SMARTER

*Gut zu wissen: Buchweizen ist kein »echtes«, sondern ein sogenanntes Pseudogetreide und darum frei von Klebereiweiß (Gluten).*

## WARUM GESUND

*Wer den würzigen Buchweizengeschmack schätzt, hat gut lachen: Die Samen glänzen nämlich mit vielen wichtigen Nährstoffen, darunter auch Tryptophan. Die essentielle Aminosäure spielt eine wesentliche Rolle im Gehirnstoffwechsel und ist bekannt für ihre Wirkung als »Glücksstoff«.*

# BEEREN-JOGHURT MIT KERNE-MIX

*Pro Portion: Kilokalorien: 165; Fett: 9 g; gesättigte Fettsäuren: 2,1 g; Eiweiß: 7 g; Kohlenhydrate: 11 g; Zucker: 0 g; Ballaststoffe: 5,5 g*

15 MIN.

*Zutaten für 4 Portionen*

½ Limette

je 150 g Himbeeren und Blaubeeren (bei guter Verträglichkeit evtl. auch Brombeeren und Johannisbeeren)

1 kleine Vanilleschote

400 g laktosefreier Joghurt (1,5 % Fett)

30 g Sonnenblumenkerne

30 g Kürbiskerne

1. Die Limette heiß abspülen, trocken reiben, die Schale fein abreiben und die Limette auspressen.
2. Die Beeren verlesen, waschen und in eine Schüssel geben. 1 TL Limettenschale und 2 EL Limettensaft untermischen. Die Hälfte der Beeren in 4 Gläser geben.
3. Die Vanilleschote längs halbieren, das Mark herauskratzen, mit dem Joghurt verrühren und die Hälfte auf den Beeren verteilen.
4. Die restlichen Beeren mit dem restlichen Joghurt in ein hohes Gefäß geben und mit einem Stabmixer fein pürieren. Auf die Gläser verteilen.
5. Sonnenblumen- und Kürbiskerne in einer Pfanne ohne Fett leicht anrösten. Abkühlen lassen, über das Joghurt-Dessert streuen und servieren.

## WARUM GESUND

*Der Kerne-Mix sorgt für den richtigen Biss und liefert reichlich Vitamin E. Das lässt das Blut leichter fließen und schützt unsere Zellen vor aggressiven Sauerstoffverbindungen. Auch Magnesium kommt hier nicht zu kurz – wichtig für den Energiestoffwechsel, die Reizübertragung bei Nerven und Muskeln und die Muskelkontraktion.*

## NOCH SMARTER

*Der Joghurt lässt sich mit jeder Beerensorte zubereiten. Wenn es gerade keine frischen Beeren auf dem Markt gibt, können Sie auf tiefgefrorene zurückgreifen.*

# HAUPTGERICHTE

# SAFTIGER PUTENBRATEN MIT EIER-KRÄUTER-SOSSE

*Pro Portion: Kilokalorien: 376; Fett: 11 g; gesättigte Fettsäuren: 6 g; Eiweiß: 41 g; Kohlenhydrate: 24 g; Zucker: 1 g; Ballaststoffe: 2,5 g*

1 STD. 20 MIN.

*Zutaten für 4 Portionen*

- 500 g Putenbrustfilet (am Stück)
- 1 EL laktosefreie Butter
- Salz
- Pfeffer
- 2 Eier
- 50 g junger Blattspinat
- 500 g kleine festkochende Kartoffeln
- ½ Zitrone
- 1 Bund gemischte Kräuter (ca. 100 g)
- 400 g laktosefreier Joghurt (1,5 % Fett)
- 50 g laktosefreier Frischkäse
- 2 TL mittelscharfer Senf
- 4 Radieschen
- 1 Prise Zucker

1. Putenbrust abspülen und mit Küchenpapier trocken tupfen. Butter in einem kleinen Topf schmelzen. Putenbrust mit flüssiger Butter bestreichen. Kräftig salzen und pfeffern.
2. Einen Bratschlauch (ca. 60 cm lang) auf einer Seite nach Packungsanleitung verschließen und den Braten hineinlegen. Restliche flüssige Butter und 150 ml Wasser in den Bratschlauch gießen und nach Packungsanleitung verschließen.
3. Den Bratschlauch in die Mitte eines kalten Backblechs legen. An der Oberseite mehrfach einstechen und im vorgeheizten Backofen bei 175 °C (Umluft: 150 °C, Gas: Stufe 2) auf der 2. Schiene von unten 60 Minuten garen.
4. Inzwischen die Eier anstechen, in kochendes Wasser legen und in 8–10 Minuten hart kochen. Mit kaltem Wasser abschrecken und auskühlen lassen.
5. Spinat putzen, in ein Sieb geben und mit kochendem Wasser übergießen. Unter kaltem Wasser kurz abschrecken und anschließend gut abtropfen lassen.
6. Kartoffeln unter fließendem Wasser gründlich säubern und in kochendem Salzwasser 20–25 Minuten garen.
7. Die halbe Zitrone auspressen. Kräuter waschen, trocken schütteln, Blätter abzupfen und mit einem großen Messer grob hacken.
8. Kräuter mit Spinat und 100 g Joghurt in ein hohes Gefäß geben. Mit einem Stabmixer pürieren. Den übrigen Joghurt, Frischkäse und Senf dazugeben und alles glattmixen.

9. Radieschen waschen, putzen und klein würfeln. Eier pellen und grob hacken. Beides unter die Soße heben. Mit Salz, Pfeffer, Zucker und 1–2 EL Zitronensaft abschmecken. Zugedeckt kalt stellen.
10. Den Bratschlauch aus dem Ofen nehmen, auf eine flache Schale heben und die Oberseite aufschneiden. Kartoffeln abgießen und unter kaltem Wasser abbrausen. Putenbraten aus dem Bratschlauch nehmen, in dünne Scheiben schneiden und mit der Eier-Kräuter-Soße anrichten. Kartoffeln nach Belieben pellen und zum Putenbraten servieren.

### NOCH SMARTER

*Wer den Braten auf einem Partybüfett auftischen möchte, kann ihn schon am Vortag zubereiten und kalt servieren. Dazu das Filet nach dem Garen fest in Alufolie wickeln und auskühlen lassen.*

### WARUM GESUND

*Fettärmer kann ein Braten kaum sein – und dazu bringt das Putenbrustfilet noch wichtiges Protein. Zusätzliches Eiweiß bekommt die Mahlzeit durch Eier und Milchprodukte. Die Kartoffeln sind eine ideale Ergänzung und sorgen für Kohlenhydrate.*

# THAILÄNDISCHE REISNUDELPFANNE MIT TOFU UND CHILISOSSE

*Pro Portion: Kilokalorien: 718; Fett: 30 g; gesättigte Fettsäuren: 5,8 g; Eiweiß: 27 g; Kohlenhydrate: 81 g; Zucker: 0 g; Ballaststoffe: 6,5 g*

45 MIN.

*Zutaten für 4 Portionen*

275 g breite Reisnudeln
2 EL Tamarindenmark
100 ml helle Sojasoße (ohne Weizen)
4 EL Rohrzucker
2 EL Sambal Oelek
2 Frühlingszwiebeln (nur das Grün)
400 g fester Tofu
60 ml Erdnussöl
3 Eier
175 g Mungobohnensprossen
1 Bio-Limette
etwas Koriander
4 EL geröstete Erdnusskerne (ungesalzen)

1. Die Nudeln in eine große Schüssel geben und mit heißem Wasser übergießen, 25–30 Minuten einweichen lassen.
2. Inzwischen Tamarindenmark mit Sojasoße, Rohrzucker und Sambal Oelek in einer Schüssel verrühren, bis sich der Zucker aufgelöst hat.
3. Die grünen Teile der Frühlingszwiebeln putzen, waschen und in Stücke schneiden. Tofu in 2 cm große Würfel schneiden und trocken tupfen.
4. 1 EL Öl in einem Wok bei schwacher Hitze heiß werden lassen. Die Eier verquirlen, im heißen Wok unter Rühren braten, herausnehmen und auf einen Teller geben. Den Wok auswischen.
5. 2 EL Öl erhitzen und die Tofuwürfel darin goldbraun braten. Herausnehmen und auf Küchenpapier abtropfen lassen.
6. Die Nudeln abgießen und gut abtropfen lassen. Das restliche Öl im Wok erhitzen und die Nudeln darin unter Rühren 3–4 Minuten braten.
7. Vorbereitete Tamarinden-Würzsoße und 125 ml Wasser dazugießen. Tofu, Zwiebelgrün und Sprossen unterrühren. Alles zugedeckt 2 Minuten erhitzen. Limette in Spalten schneiden. Koriander waschen, trocken schütteln und die Blättchen abzupfen.
8. Reisnudeln in Schalen geben und mit den gerösteten Erdnüssen bestreuen. Limettenspalten und Koriander extra dazu servieren.

## NOCH SMARTER

*Wenn Sie Kalorien sparen möchten, halbieren Sie einfach die Erdnussmenge.*

## WARUM GESUND

*Der Tofu, die Eier und die Erdnüsse sorgen für eine große Portion Eiweiß und sättigen darum besonders gut. Die frischen Sprossen bringen Vitamin C ins Spiel.*

# GEFÜLLTE KALBSSCHNITZEL MIT ORANGE UND MOZZARELLA

*Pro Portion: Kilokalorien: 434; Fett: 19 g; gesättigte Fettsäuren: 9,6 g; Eiweiß: 54 g; Kohlenhydrate: 6 g; Zucker: 0 g; Ballaststoffe: 1 g*

25 MIN.

*Zutaten für 2 Portionen*

125 g laktosefreier Mozzarella
1 feste Orange (ca. 200 g)
2 Stiele Basilikum
4 dünne Kalbsschnitzel (à ca. 70 g)
Salz
Pfeffer
1 EL Olivenöl
100 ml trockener Weißwein

1. Mozzarella abtropfen lassen und in dünne Scheiben schneiden. Orange so dick schälen, dass die weiße Haut mit entfernt wird; halbieren und das Fruchtfleisch in Scheiben schneiden. Dabei austretenden Saft auffangen.
2. Basilikum waschen, trocken schütteln, Blätter abzupfen und in feine Streifen schneiden.
3. Kalbsschnitzel unter Klarsichtfolie legen und mit dem Fleischklopfer flach klopfen. Mit Salz und Pfeffer würzen.
4. Schnitzel auf einer Hälfte mit Mozzarella- und Orangenscheiben belegen. Basilikum darauf verteilen.
5. Die unbelegten Hälften der Schnitzel über die Füllung klappen und die Fleischtasche mit Zahnstochern verschließen.
6. Öl in einer Pfanne erhitzen. Fleisch darin bei mittlerer bis starker Hitze von jeder Seite 2 Minuten kräftig anbraten.
7. Weißwein in die Pfanne gießen und bis auf die Hälfte einkochen lassen.
8. Aufgefangenen Orangensaft und 100 ml Wasser in die Pfanne gießen, aufkochen und etwas einkochen lassen. Die Soße mit Salz und Pfeffer abschmecken, mit den Schnitzeln auf vorgewärmte Teller geben. Dazu passen Bandnudeln oder Reis.

## NOCH SMARTER

*Wer besonders viel Vitamin C tanken möchte, der kann den Weißwein auch durch Zitronensaft ersetzen. Dann zusätzlich mit etwas Zucker abschmecken, sonst wird die Soße zu sauer.*

## WARUM GESUND

*Das raffiniert-aromatische Gericht enthält viel Protein und begünstigt damit den Aufbau von körpereigenem Eiweiß. Es ist reich an Niacin und Zink, die Nerven und Immunsystem stärken. Außerdem lässt sich das körpereigene Depot an Eisen durch Kalbfleisch etwas aufstocken.*

# RINDFLEISCH-BOHNEN-WOK

*Pro Portion: Kilokalorien: 415; Fett: 21 g; gesättigte Fettsäuren: 3,3 g; Eiweiß: 41 g; Kohlenhydrate: 14 g; Zucker: 1 g; Ballaststoffe: 9 g*

**50 MIN.**

*Zutaten für 2 Portionen*

200 g chinesische Schlangenbohnen (oder dünne grüne Bohnen)
5 Baby-Auberginen (ca. 200 g)
1 grüne Chilischote
1 Stück Ingwer (ca. 30 g)
225 g Rinderfilet
1 EL Knoblauchöl
2 EL Sesamöl
2 EL Sojasoße
5 EL Austernsoße
Szechuanpfeffer oder weißer Pfeffer
4 Stiele Thai-Basilikum

1. Bohnen putzen, waschen, nach Belieben halbieren oder in etwa 6 cm lange Stücke schneiden. (Bei Verwendung von grünen Bohnen diese mindestens 10 Minuten kochen, um das giftige Phasin unschädlich zu machen; Kochwasser wegschütten.)
2. Auberginen putzen, waschen und längs halbieren.
3. Chilischote längs halbieren, entkernen, waschen und in feine Streifen schneiden. Ingwer schälen und ebenfalls in feine Streifen schneiden.
4. Rinderfilet in feine Streifen schneiden.
5. Das Knoblauchöl in einem Wok erhitzen, das Fleisch darin rundherum scharf anbraten und herausnehmen.
6. 1 EL Sesamöl im Wok erhitzen, die Bohnen darin unter Rühren 6–7 Minuten leicht braun braten und herausnehmen.
7. Restliches Sesamöl im Wok erhitzen, Auberginen darin rundherum 3–4 Minuten braten und herausnehmen.
8. Chilischote und Ingwer 2 Minuten unter Rühren braten. Soja- und Austernsoße dazugießen. Bohnen und Auberginen in den Wok geben und 3–4 Minuten sanft kochen, evtl. einige EL Wasser dazugeben.
9. Basilikum waschen, trocken schütteln und die Blättchen abzupfen.
10. Das Fleisch kurz in der Soße erhitzen. Pfeffern, Basilikumblätter darüberstreuen und servieren.

## WARUM GESUND

*Über das reichlich enthaltene Spurenelement Zink in diesem Rezept freuen sich Ihre Abwehrkräfte! Einen erhöhten Zinkbedarf haben zum Beispiel Frauen, die die Antibabypille nehmen, und Asthmatiker, die regelmäßig Kortisonpräparate brauchen. Die großzügig mitgelieferten Ballaststoffe machen satt; Proteine aus Bohnen und Fleisch erhalten das Wohlbefinden.*

## NOCH SMARTER

*Wenn Sie eine Extraportion B-Vitamine auf den Teller bekommen möchten, können Sie statt des Rinderfilets auch Schweinefilet nehmen.*

# GEBRATENES SAIBLINGSFILET MIT KÜRBISGEMÜSE

*Pro Portion: Kilokalorien: 300; Fett: 9 g; gesättigte Fettsäuren: 1,7 g; Eiweiß: 42 g; Kohlenhydrate: 10 g; Zucker: 0 g; Ballaststoffe: 3 g*

30 MIN.

*Zutaten für 2 Portionen*

1 Bio-Orange

2 Saiblingsfilets (oder Forellenfilets; à ca. 200 g)

Salz

2 Stangen Lauch (nur das Grün; ca. 250 g)

1 Stück Hokkaido-Kürbis (ca. 200 g)

1 EL Rapsöl

Pfeffer

1 Beet Gartenkresse

1. Orange heiß abspülen, trocken reiben und etwa die Hälfte der Schale fein abreiben. Orange halbieren und auspressen.
2. Saiblingsfilets abspülen und mit Küchenpapier trocken tupfen. Salzen und mit 1 EL Orangensaft beträufeln.
3. Den Lauch putzen, waschen und nur das Grün in feine Streifen schneiden. Kürbis waschen, trocken reiben, entkernen und in feine Würfel schneiden.
4. Das Öl in einer beschichteten Pfanne erhitzen. Fischfilets darin von beiden Seiten je 1 Minute anbraten. Mit Pfeffer würzen, herausnehmen und auf einem Teller beiseitestellen.
5. Lauch und Kürbis im heißen Bratfett unter Rühren etwa 2 Minuten anbraten.
6. Restlichen Orangensaft und die Orangenschale sowie 2 EL Wasser zugeben. 3–4 Minuten weitergaren, bis die Flüssigkeit zur Hälfte verdampft ist.
7. Mit Salz und Pfeffer abschmecken. Fischfilets auf das Gemüse legen und alles zugedeckt bei schwacher Hitze noch etwa 4 Minuten garen.
8. Kresse vom Beet schneiden. Über Saiblingsfilets und Gemüse streuen und servieren.

### NOCH SMARTER

*Frischer Kürbis ist gerade nicht zu haben? Kein Problem: Nehmen Sie stattdessen eingelegten Kürbis aus dem Glas und schneiden ihn nach dem Abtropfen in kleine Würfel.*

WARUM GESUND

*Das Zusammenspiel aus Fisch, Orange, Lauch und Kresse versorgt Sie gleich mit mehreren wichtigen und nützlichen Stoffen. Allen voran sind das Eiweiß und Vitamin C.*

# FISCH-BOLOGNESE MIT GEMÜSE

*Pro Portion: Kilokalorien: 490; Fett: 12 g; gesättigte Fettsäuren: 1,9 g; Eiweiß: 31 g; Kohlenhydrate: 60 g; Zucker: 2 g; Ballaststoffe: 14 g*

35 MIN.

*Zutaten für 4 Portionen*

2 Stangen Staudensellerie (ca. 100 g)
1 große Möhre (ca. 150 g)
2 EL Olivenöl
1 EL Knoblauchöl
Salz
Pfeffer
150 ml trockener Rotwein
425 g Dosentomaten (Abtropfgewicht)
1 EL Tomatenmark
2 Lorbeerblätter
2 Zweige Rosmarin
350 g glutenfreie Pasta nach Belieben
350 g festes Fischfilet (ohne Haut, z. B. Rotbarbe oder Steinbeißer)
3 Stiele Basilikum
Zucker

1. Staudensellerie waschen, putzen. Möhren schälen. Sellerie und Möhren sehr fein würfeln. Im heißen Oliven- und Knoblauchöl bei mittlerer Hitze 7–8 Minuten dünsten.
2. Kräftig mit Salz und Pfeffer würzen. Rotwein dazugießen und vollständig einkochen lassen.
3. Dosentomaten mit der Flüssigkeit, Tomatenmark, Lorbeer und Rosmarin dazugeben und alles unter Rühren bei mittlerer Hitze 10 Minuten kochen lassen.
4. Inzwischen die Pasta nach Packungsanleitung in reichlich kochendem Salzwasser bissfest garen.
5. Fischfilet in 1 cm große Würfel schneiden, am Ende der Garzeit zum Gemüse geben und alles weitere 3–4 Minuten bei schwacher Hitze köcheln lassen.
6. Basilikum waschen, trocken schütteln, Blätter abzupfen und fein schneiden.
7. Fisch-Bolognese mit Salz, Pfeffer und Zucker würzen. Pasta abgießen, abtropfen lassen und unter die Bolognese mischen. Mit Basilikum bestreuen und servieren.

## WARUM GESUND

*Im Gegensatz zur Hackfleisch-Bolognese liefert diese Fischvariante in erster Linie Fett, das dem Körper nützt: Ihre essentiellen Fettsäuren wirken sich positiv auf Cholesterinspiegel und Blutdruck aus.*

NOCH SMARTER

*Der zum Würzen verwendete Rotwein enthält bioaktive Pflanzenstoffe, besonders Flavonoide, die gut für das Herz sind.*

# MARINIERTER LACHS AUF FENCHELGEMÜSE MIT QUINOA

*Pro Portion: Kilokalorien: 643; Fett: 26 g; gesättigte Fettsäuren: 6,6 g; Eiweiß: 48 g; Kohlenhydrate: 52 g; Zucker: 0 g; Ballaststoffe: 18 g*

55 MIN.

*Zutaten für 4 Portionen*

1 Bio-Zitrone
4 Lachssteaks (à 150-200 g)
Salz
Pfeffer
4 Fenchelknollen (à ca. 250 g)
1 Bund Dill
3 EL Rapsöl
150 g Quinoa
½ TL Kreuzkümmel (ganz)
1 Stück frischer Meerrettich (ca. 2 cm)
150 g laktosefreier Schmand

1. Zitrone heiß abspülen, trocken reiben und die Schale fein abreiben. Die Frucht halbieren und auspressen.
2. Lachssteaks abspülen, mit Küchenpapier trocken tupfen und in eine flache Schüssel legen.
3. Mit der Hälfte des Zitronensafts beträufeln, Zitronenschale darüberstreuen. Salzen, pfeffern und im Kühlschrank etwa 15 Minuten ziehen lassen (marinieren).
4. Inzwischen Fenchel waschen, putzen, längs halbieren und quer in schmale Streifen schneiden. Dill waschen, trocken schütteln und fein hacken.
5. 2 EL Öl in einer großen Pfanne erhitzen. Fenchelstreifen darin bei mittlerer Hitze 3–4 Minuten andünsten. Salzen, pfeffern und zugedeckt bei schwacher Hitze in 15 Minuten bissfest dünsten.
6. Quinoa in ein Sieb geben und so lange unter fließendem Wasser spülen, bis dieses klar bleibt. Quinoa abtropfen lassen.
7. In einem Topf das restliche Rapsöl erhitzen und den Kreuzkümmel kurz darin anrösten, bis er stark duftet.
8. Quinoa, 2 TL Salz und 450 ml Wasser zufügen. Zugedeckt bei schwacher Hitze 12 Minuten garen. Herd ausschalten und Quinoa 10 Minuten ausquellen lassen.
9. Die Lachssteaks auf das gegarte Fenchelgemüse legen und alles zugedeckt weitere 8–10 Minuten garen.

## WARUM GESUND

*Der feine Lachs liefert Omega-3-Fettsäuren, die sich günstig auf Cholesterin- und Blutfettspiegel auswirken. Ätherische Öle aus Fenchel und Meerrettich regen die Durchblutung der Schleimhäute und des Verdauungstraktes an.*

10. Lachs vorsichtig aus der Pfanne heben und auf Teller geben.
11. Meerrettich schälen und fein reiben und mit Schmand und Dill unter den Fenchel mischen. Mit Salz, Pfeffer und restlichem Zitronensaft abschmecken. Mit Quinoa und Lachs servieren.

### NOCH SMARTER

*Sie sind kein Freund des anisartigen Geschmacks von Fenchel? Kein Problem, Sie können ihn z. B. durch Staudensellerie ersetzen!*

# KLEINE HÄHNCHENROULADEN MIT FRISCHKÄSEFÜLLUNG UND REIS

*Pro Portion: Kilokalorien: 534; Fett: 10 g; gesättigte Fettsäuren: 3,2 g; Eiweiß: 54 g; Kohlenhydrate: 50 g; Zucker: 0 g; Ballaststoffe: 6 g*

40 MIN.

*Zutaten für 2 Portionen*

125 g Vollkornreis
Salz
100 g frischer Blattspinat
375 g Hähnchenbrustfilet
3 EL laktosefreier Frischkäse
Pfeffer
1 kleine Stange Lauch (nur das Grün; ca. 100 g)
½ rote Paprikaschote (ca. 100 g)
1 EL Olivenöl
125 ml Weißwein

1. In einem Topf den Reis mit 375 ml Wasser und etwas Salz aufkochen. Zugedeckt nach Packungsanleitung bei schwacher Hitze etwa 40 Minuten garen.
2. Inzwischen den Spinat von den dicken Stielen befreien, gründlich in kaltem Wasser waschen. Tropfnass in einen kleinen Topf geben und bei starker Hitze kurz zusammenfallen lassen. Auf einem Sieb abkühlen lassen.
3. Spinat leicht ausdrücken. Anschließend mit einem großen Messer fein hacken und in eine Schüssel geben.
4. Hähnchenbrustfilets abspülen, trocken tupfen und je nach Dicke 1- bis 2-mal waagerecht halbieren, sodass dünne Schnitzel entstehen.
5. Schnitzel zwischen 2 Lagen Frischhaltefolie oder in einen Gefrierbeutel legen und mit einem Plattiereisen oder einem schweren Pfannen-/Topfboden sehr dünn klopfen.
6. Frischkäse zum Spinat geben. Salzen, pfeffern und alles gut mischen. Hähnchenschnitzel damit bestreichen, fest zu kleinen Rouladen aufrollen und mit Zahnstochern fixieren.
7. Die grünen Teile vom Lauch putzen, waschen und fein würfeln. Paprikahälfte nochmals halbieren, entkernen, waschen und ebenfalls fein würfeln.

## WARUM GESUND

*Die italienisch inspirierte Variante der Roulade liefert dank der fettarmen Zutaten vor allem reichlich Eiweiß, Eisen und den »Anti-Stress-Mineralstoff« Magnesium.*

8. Öl in einer Pfanne erhitzen, Hähnchenrouladen darin rundherum braun anbraten. Lauch und Paprika zufügen und kurz mit anbraten. Wein und 1/8 l Wasser dazugießen, aufkochen und alles zugedeckt bei mittlerer Hitze 5–6 Minuten garen. Gegarten Reis abgießen, mit Rouladen und Schmorsaft anrichten und servieren.

### NOCH SMARTER

*Die Röllchen lassen sich auch prima mit Putenschnitzeln zubereiten. Wenn's mal ganz schnell gehen soll: den frischen Spinat einfach durch tiefgekühlten ersetzen!*

# RISOTTO MIT KÜRBIS UND HÄHNCHENFLEISCH

*Pro Portion: Kilokalorien: 530; Fett: 17 g; gesättigte Fettsäuren: 5,5 g; Eiweiß: 35 g; Kohlenhydrate: 54 g; Zucker: 0 g; Ballaststoffe: 2 g*

55 MIN.

*Zutaten für 2 Portionen*

200 g Hähnchenbrustfilet
Salz
Pfeffer
2 EL Olivenöl
1 Stück Hokkaido-Kürbis (ca. 200 g)
120 g Risottoreis
1 Msp. Safranfäden
100 ml Weißwein
1 Stiel Majoran
20 g Pecorino
2 EL laktosefreier Schmand

1. Hähnchenbrustfilets mit Salz und Pfeffer würzen. In einer Pfanne in 1 EL heißem Öl von jeder Seite 3–4 Minuten braten. Aus der Pfanne nehmen und abkühlen lassen.
2. Inzwischen den Kürbis waschen, entkernen und 200 g Fruchtfleisch ungeschält raspeln.
3. Brühe aufkochen und warm halten.
4. Das restliche Öl in einem Topf erhitzen. Reis und Kürbis dazugeben und 1 Minute bei mittlerer Hitze andünsten. Safran zufügen.
5. Reis mit Weißwein ablöschen und bei mittlerer Hitze unter Rühren einkochen lassen.
6. Den Reis mit etwa 150 ml heißem Wasser knapp bedecken und bei mittlerer Hitze unter häufigem Rühren 15 Minuten leicht bissfest garen. Dabei nach und nach weitere 300 ml heißes Wasser dazugießen.
7. Hähnchenfleisch würfeln. Zum Reis geben und alles weitere 5 Minuten unter Rühren garen.
8. Majoran waschen, trocken schütteln, Blättchen abzupfen und fein hacken. Pecorino grob reiben.
9. Schmand, Majoran und Pecorino unter den Reis heben. Mit Salz und Pfeffer würzen und sofort servieren.

### NOCH SMARTER

*Der Hokkaido-Kürbis lässt sich am einfachsten verarbeiten: Er ist klein und handlich und kann ohne großen Kraftaufwand zerteilt und geschält werden. Die Schale liefert zusätzlich Ballaststoffe, die lange satt machen.*

### WARUM GESUND

*Das italienische Reisgericht macht schön satt, liefert viel Eiweiß für die Muskeln und nur wenig Fett. Es wirkt sich günstig auf einen erhöhten Cholesterinspiegel aus, und die gelben Farbstoffe im Kürbis wehren freie Radikale ab.*

# PROVENZALISCHES HÄHNCHEN MIT TOMATEN UND OLIVEN

*Pro Portion: Kilokalorien: 512; Fett: 21 g; gesättigte Fettsäuren: 4,3 g; Eiweiß: 65 g; Kohlenhydrate: 12 g; Zucker: 0 g; Ballaststoffe: 10 g*

1 STD. 20 MIN.

*Zutaten für 2 Portionen*

3 mittelgroße Tomaten (ca. 250 g)
2 rote Paprikaschoten (ca. 400 g)
2 EL Olivenöl
2 Sardellenfilets
100 ml Weißwein
1 Hähnchenbrust am Knochen (mit Haut, ca. 650 g)
4 Salbeiblätter
12 grüne Oliven (mit Stein)
Salz
Pfeffer
1 Spritzer Knoblauchöl
3 Stiele Petersilie

1. Tomaten waschen, die Stielansätze keilförmig herausschneiden.
2. Tomaten kurz in kochendes Wasser tauchen, dann kalt abspülen und die Haut abziehen.
3. Tomaten vierteln, entkernen und in grobe Würfel schneiden.
4. Paprikaschoten vierteln, entkernen, waschen und in grobe Stücke schneiden.
5. Olivenöl in einem Bräter erhitzen. Paprikastücke darin bei mittlerer Hitze 5 Minuten andünsten.
6. Inzwischen die Sardellenfilets mit einem Messer zu einer Paste zerdrücken, mit den Tomaten in den Bräter geben, kurz andünsten. Wein und 200 ml Wasser zugießen und aufkochen lassen.
7. Die Haut der Hähnchenbrust vorsichtig vom Fleisch lösen und die Salbeiblätter darunterschieben.
8. Hähnchenbrust mit Salz und Pfeffer würzen, auf das Gemüse setzen und im vorgeheizten Backofen bei 200 °C (Umluft: 180 °C, Gas: Stufe 3) auf der mittleren Schiene 5 Minuten garen.
9. Die Oliven in den Bräter geben und weitere 5 Minuten garen. Die Soße mit Salz, Pfeffer und Knoblauchöl würzen. Petersilie waschen, trocken schütteln, Blättchen abzupfen, hacken und darüberstreuen. Dazu passen Röstkartoffeln.

## WARUM GESUND

*Mit einer Portion decken Sie bereits Ihren Tagesbedarf an Kalium zu drei Vierteln – der Mineralstoff unterstützt die Arbeit von Herz und Muskeln.*

### NOCH SMARTER

*Wenn Sie etwas Fett sparen möchten, entfernen Sie die Haut der Hähnchenbrust – aber erst kurz vor dem Servieren! Denn mitgegart sorgt sie dafür, dass das Fleisch zart und saftig bleibt.*

# PAK CHOI MIT TOFU

*Pro Portion: Kilokalorien: 660; Fett: 48 g; gesättigte Fettsäuren: 8 g; Eiweiß: 38 g; Kohlenhydrate: 17,7 g; Zucker: 17,5 g; Ballaststoffe: 4 g*

1 STD. 15 MIN.

*Zutaten für 2 Portionen*

400 g Tofu
1 getrocknete Chilischote
1 EL Sojasoße
1 EL Ahornsirup
1 EL Balsamessig
1 TL Sesamöl
300 g Pak Choi
2 EL Erdnussöl
1 EL Zitronensaft
Basilikum zum Garnieren

1. Tofu in mundgerechte Würfel schneiden.
2. Chilischote im Mörser zerstoßen, mit Sojasoße, Ahornsirup, Balsamico und Sesamöl verrühren.
3. Den Tofu daruntermischen und ca. 1 Stunde marinieren lassen. Dabei gelegentlich wenden.
4. Pak Choi putzen, waschen, trocken schütteln und in mundgerechte Stücke schneiden.
5. Tofu abtropfen lassen und in heißem Erdnussöl in einem Wok ca. 4 Minuten braten.
6. Pak Choi und Marinade dazugeben, alles unter häufigem Rühren noch ca. 2 Minuten garen.
7. Mit Zitronensaft und evtl. etwas mehr Sojasoße abschmecken, mit Basilikum garnieren und servieren.

## WARUM GESUND

*Wie alle Kohlsorten bietet auch der asiatische Pak Choi gesunde Pflanzenstoffe, die speziell dem Darm und dem Immunsystem guttun – aber er ist im Gegensatz zu vielen europäischen Kohlarten bestens bekömmlich.*

## NOCH SMARTER

*Wer keinen Pak Choi bekommt, der nimmt für dieses schnelle Asia-Gericht einfach Chinakohl oder Mangold.*

# PASTA MIT GERÖSTETEN PASTINAKEN

*Pro Portion: Kilokalorien: 485; Fett: 11 g; gesättigte Fettsäuren: 2,5 g; Eiweiß: 16 g; Kohlenhydrate: 78 g; Zucker: 0 g; Ballaststoffe: 6,8 g*

30 MIN.

*Zutaten für 4 Portionen*

2 Pastinaken (ca. 200 g)
1 Bund Petersilie
6 Cocktailtomaten
400 g glutenfreie Spaghetti
Salz
2 ½ EL Rapsöl
½ EL Knoblauchöl
Pfeffer
30 g Pecorino

1. Pastinaken schälen, putzen und in dünne Stifte schneiden.
2. Petersilie waschen, trocken schütteln, Blätter fein hacken. Tomaten waschen und achteln.
3. Spaghetti nach Packungsanleitung in Salzwasser bissfest garen.
4. Inzwischen Raps- und Knoblauchöl in einer Pfanne erhitzen. Pastinaken darin bei mittlerer Hitze unter Rühren etwa 5 Minuten braten, bis sie goldbraun sind.
5. Petersilie unter die Pastinaken mischen. Salzen, pfeffern, Tomaten zufügen und kurz durchschwenken.
6. Nudeln abgießen und mit dem Gemüse mischen. Auf 4 Teller verteilen und Pecorino darüberhobeln.

## WARUM GESUND

*Pastinaken enthalten relativ viele Kohlenhydrate und machen daher lange satt. Das in Pastinaken steckende ätherische Öl bringt außerdem neben dem typischen würzigen Geschmack auch eine leicht antibakterielle Wirkung.*

## NOCH SMARTER

*Außerhalb der Saison (von Oktober bis März) können Sie Pastinaken auch durch Möhren ersetzen.*

# POLENTA-PIZZA MIT TOMATEN UND MOZZARELLA

*Pro Portion: Kilokalorien: 330; Fett: 15 g; gesättigte Fettsäuren: 6,9 g; Eiweiß: 14 g; Kohlenhydrate: 33 g; Zucker: 0 g; Ballaststoffe: 3 g*

50 MIN.

*Zutaten für 6 Portionen*

Salz
250 g Maisgrieß
4 Tomaten (ca. 320 g)
250 g laktosefreier Mozzarella
6 EL Pesto (aus dem Glas; gluten- und laktosefrei)
Pfeffer
½ Bund Basilikum

1. In einem Topf 1 Liter leicht gesalzenes Wasser aufkochen. Von der Herdplatte nehmen und den Maisgrieß unter Rühren einstreuen. Topf wieder auf die Platte stellen und die Polenta bei schwacher Hitze unter gelegentlichem Rühren etwa 5 Minuten ausquellen lassen. Vom Herd nehmen und weitere 5 Minuten quellen lassen, dabei mehrmals umrühren.
2. Polenta nach Belieben mit Salz abschmecken. Ein Backblech mit Backpapier auslegen. Polenta darauf geben, mit einem Gummispachtel zu einem Quadrat (ca. 32 x 32 cm) verstreichen und etwas abkühlen lassen.
3. Inzwischen Tomaten waschen, die Stielansätze keilförmig herausschneiden und die Tomaten in Scheiben schneiden. Mozzarella abtropfen lassen und ebenfalls in Scheiben schneiden.
4. Abgekühlte Polenta mit Pesto bestreichen, mit Tomaten- und Mozzarellascheiben belegen. Mit Salz und Pfeffer würzen und im vorgeheizten Backofen bei 200 °C (Umluft: 180 °C, Gas: Stufe 3) auf der untersten Schiene etwa 20 Minuten backen.
5. Inzwischen das Basilikum waschen und trocken schütteln. Blättchen abzupfen, grob hacken.
6. Polenta-Pizza herausnehmen, samt Backpapier vom Blech ziehen und in 6 Portionsstücke schneiden. Mit Basilikum bestreuen und sofort servieren.

### NOCH SMARTER

*Das Anrühren und Kochen einer traditionellen Polenta kann bis zu einer Stunde dauern; es gibt aber auch bereits vorgegarten Maisgrieß – sogenannte »Instant Polenta«, z. B. im Bioladen.*

### WARUM GESUND

*Die Norditaliener lieben den nahrhaften Brei aus Maisgrieß, der mit viel Kalium, Magnesium, Eisen und Kieselsäure glänzt. Hier ersetzt er den üblichen Hefeteig und ergibt mit Tomaten, Pesto und Mozzarella eine ungewöhnlich kalorienarme und supersaftige »Pizza«.*

# TOFU-GULASCH MIT PAPRIKA, KARTOFFELN UND TOMATEN

*Pro Portion: Kilokalorien: 433; Fett: 22 g; gesättigte Fettsäuren: 3,2 g; Eiweiß: 26 g; Kohlenhydrate: 32 g; Zucker: 0 g; Ballaststoffe: 13 g*

50 MIN.

*Zutaten für 2 Portionen*

- 3 große Tomaten (ca. 250 g)
- 1 gelbe Paprikaschote (ca. 200 g)
- 1 rote Paprikaschote (ca. 200 g)
- 6 kleine Kartoffeln (ca. 300 g)
- 250 g geräucherter Tofu
- 2 EL Olivenöl
- je 1 EL Paprikapulver rosenscharf und edelsüß
- ½ Bund Petersilie
- 1 Bio-Zitrone
- 2 TL Speisestärke (Mais)
- Salz
- Pfeffer
- 1 Spritzer Knoblauchöl

**NOCH SMARTER**

*Manche mögen's bekanntlich scharf – wenn Sie dazugehören und es vertragen, können Sie dem Gulasch gern mit fein gehackten Chilis oder Cayennepfeffer einheizen.*

1. Stielansätze der Tomaten keilförmig herausschneiden. Tomaten auf der anderen Seite kreuzweise einschneiden.
2. Tomaten für 30 Sekunden in kochendes Wasser geben. Herausnehmen, abschrecken und die Haut abziehen.
3. Tomaten vierteln, entkernen und würfeln.
4. Paprika vierteln, entkernen, waschen. Kartoffeln gut waschen und schälen. Tofu abtropfen lassen und alles in 2 cm große Würfel schneiden.
5. Öl in einem Topf erhitzen. Paprikawürfel dazugeben und 5 Minuten bei mittlerer Hitze andünsten.
6. Kartoffeln zufügen, mit Paprikapulver würzen und 325 ml Wasser dazugießen. Zugedeckt zum Kochen bringen und 5 Minuten kochen lassen.
7. Inzwischen Petersilie waschen, trocken schütteln, Blätter abzupfen und fein hacken.
8. Zitrone heiß abspülen, trocken reiben, die Schale fein abreiben und mit der Petersilie mischen.
9. Tomaten in den Topf geben und weitere 3 Minuten garen. Tofu hinzufügen und noch 4 Minuten weitergaren.
10. Speisestärke in etwas kaltem Wasser glatt rühren. Ins Tofu-Gulasch rühren und einmal aufkochen lassen. Mit Salz, Pfeffer und Knoblauchöl abschmecken. Mit der Petersilien-Zitronen-Mischung bestreut servieren.

## WARUM GESUND

*Paprika, Tomaten und Kartoffeln liefern reichlich Vitamin C. Das hilft unserem Körper bei Aufnahme und Verwertung des pflanzlichen Eisens aus diesem veganen Gulasch. Ein weiteres Vitamin ist ebenfalls reichlich vorhanden: Folsäure. Sie ist für die Reifung der roten Blutkörperchen mitverantwortlich, in denen dann das Eisen für die Sauerstoffbindung zuständig ist.*

# AUBERGINEN-AUFLAUF MIT TOMATEN, PARMESAN UND MOZZARELLA

*Pro Portion: Kilokalorien: 323; Fett: 20 g; gesättigte Fettsäuren: 8,5 g; Eiweiß: 17 g; Kohlenhydrate: 17 g; Zucker: 3 g; Ballaststoffe: 8 g*

1 STD. 10 MIN.

*Zutaten für 4 Portionen*

3 Auberginen (ca. 900 g)
500 g stückige Tomaten (Dose)
Salz
Pfeffer
Zucker
Oregano
75 g Parmesan
1 Bund Basilikum
Olivenöl für die Form
100 g laktosefreier Mozzarella

1. Auberginen waschen, trocken reiben und in 1,5 cm dicke Scheiben schneiden. Leicht salzen und 10 Minuten auf Küchenpapier ziehen lassen.
2. Inzwischen stückige Tomaten mit Salz, Pfeffer, Zucker und Oregano würzen.
3. Auberginen abtupfen und in einer erhitzten Grillpfanne von jeder Seite kräftig grillen. Herausnehmen, pfeffern und beiseitestellen.
4. Parmesan fein reiben. Basilikum waschen, trocken schütteln und die Blätter abzupfen.
5. Eine Auflaufform von ca. 1 Liter Volumen leicht fetten. Eine dünne Schicht Tomaten in die Form geben und mit etwas Käse bestreuen.
6. Darauf eine Lage Auberginenscheiben legen und mit etwas Basilikum bestreuen, dann wieder eine Schicht Tomaten. In dieser Reihenfolge die Zutaten schichten, bis sie aufgebraucht sind. Zuoberst Tomaten und Parmesan verteilen.
7. Mozzarella in kleine Stücke reißen und auf der Oberfläche verteilen. Auberginen-Auflauf auf dem Backofenrost, mittlere Schiene, im vorgeheizten Backofen bei 180 °C (Umluft: 160 °C, Gas: Stufe 2–3) ca. 30 Minuten backen.

## NOCH SMARTER

*Der Auflauf ist eine hervorragende Verwendungsmöglichkeit für eventuell übrig gebliebene Tomatensoße, die Sie statt der stückigen Tomaten verwenden können.*

## WARUM GESUND

*Der Auberginen-Auflauf liefert reichlich Kalium, wovon Menschen mit erhöhtem Blutdruck profitieren. Das große Plus der Auberginen sind ihre sekundären Pflanzenstoffe, vor allem Flavonoide, die das Immunsystem positiv beeinflussen und das Risiko von Herz-Kreislauf-Erkrankungen senken.*

# MAROKKANISCHE FISCHSPIESSE MIT TYPISCHER WÜRZMARINADE

*Pro Spieß: Kilokalorien: 258; Fett: 12 g; gesättigte Fettsäuren: 2 g; Eiweiß: 31 g; Kohlenhydrate: 4 g; Zucker: 0 g; Ballaststoffe: 0,5 g*

2 STD. 40 MIN.

*Zutaten für 4 Spieße*

½ TL Koriandersamen
1 TL Kreuzkümmel
5 schwarze Pfefferkörner
2 getrocknete Chilischoten
1 Tütchen Safranfäden (0,1 g)
1 Bund frischer Koriander
1 Limette
1 EL Rotweinessig
1 EL Knoblauchöl
2 EL Olivenöl
Meersalz
400 g Steinbeißerfilet
200 g Schwertfischfilet

1. Koriandersamen, Kreuzkümmel und Pfefferkörner in einer Pfanne rösten, bis ein aromatischer Rauch aufsteigt.
2. Mit den getrockneten Chilischoten und den Safranfäden in einem Mörser oder Blitzhacker fein mahlen.
3. Koriander waschen, trocken schütteln. Blätter abzupfen und fein hacken.
4. Limette auspressen. Gemahlene Gewürze und Koriander in einer Schüssel mit 3 EL Limettensaft, Essig und Knoblauch- und Olivenöl zu einer Würzmischung (Chermoula) verrühren und salzen.
5. Fischfilets abspülen, trocken tupfen und jeweils in ca. 2 cm große Würfel schneiden. Fisch in etwa 2/3 der Chermoula wenden und mindestens 1–2 Stunden im Kühlschrank marinieren.
6. Fischstücke auf 4 lange Holzspieße stecken und über mittelheißer Holzkohle oder in einer Grillpfanne von jeder Seite 2 Minuten grillen. Mit der restlichen Chermoula servieren.

## NOCH SMARTER

*Wer Zeit hat, lässt die Spieße über Nacht ziehen, dann schmecken sie noch aromatischer. Die duftende Mischung namens Chermoula – in Marokko ein Klassiker zum Würzen und Marinieren – macht Fisch, aber auch Geflügel oder Lamm- und Rindfleisch (ohne Safran) einfach unwiderstehlich. Vorsicht, Suchtgefahr!*

## WARUM GESUND

*Nährstoff-Power pur am Spieß: Das Fischfilet bringt eine geballte Ladung Jod und Eiweiß, die Gewürze sorgen für zellschützende Pflanzenstoffe und frische Limetten liefern reichlich Vitamin C.*

# LACHS AUF PAK CHOI MIT BASMATI-REIS

*Pro Portion: Kilokalorien: 680; Fett: 30,5 g; gesättigte Fettsäuren: 6 g; Eiweiß: 38,5 g; Kohlenhydrate: 60 g; Zucker: 3 g; Ballaststoffe: 4 g*

30 MIN.

*Zutaten für 2 Portionen*

150 g Basmatireis
Salz
300 g Pak Choi
1 Bio-Limette
6 Stiele Koriandergrün
2 EL Rapsöl
Pfeffer
300 g Lachsfilet

1. Reis nach Packungsanleitung in Salzwasser garen und warm stellen.
2. Pak Choi waschen, putzen und nach Belieben in mundgerechte Stücke schneiden. In kochendem Salzwasser 30 Sekunden blanchieren, kalt abschrecken und abtropfen lassen.
3. Die Limette heiß abspülen, trocken reiben und die Schale fein abreiben. Limette halbieren und auspressen.
4. Koriandergrün waschen, trocken schütteln, Blätter abzupfen und hacken. Mit 1 EL Rapsöl, 1–2 EL Limettenschale, 1 EL Limettensaft, Salz und Pfeffer verrühren.
5. Restliches Öl in einer Pfanne erhitzen und den Lachs bei starker Hitze von beiden Seiten scharf anbraten.
6. Die Hitze reduzieren, Lachs auf der oberen Seite jeweils mit der Koriandermischung bestreichen.
7. Pak Choi mit in die Pfanne geben und alles zugedeckt bei schwacher Hitze noch ca. 5 Minuten ziehen lassen. Mit dem Reis anrichten und servieren.

## WARUM GESUND

*Der Lachs liefert gesunde Omega-3-Fettsäuren, die sich günstig auf den Cholesterinspiegel auswirken. Mit Pak Choi, Limette und Koriandergrün tanken Sie Vitamine.*

## NOCH SMARTER

*Falls Sie Ihrem Darm ein paar Ballaststoffe mehr gönnen möchten, ersetzen Sie den weißen Basmatireis doch durch braunen Natur-Basmati.*

# KABELJAU-KÜRBIS-SUPPE MIT KARTOFFELN

*Pro Portion: Kilokalorien: 307; Fett: 6 g; gesättigte Fettsäuren: 1 g; Eiweiß: 31 g; Kohlenhydrate: 28 g; Zucker: 0 g; Ballaststoffe: 6,5 g*

**50 MIN.**

*Zutaten für 4 Portionen*

1 Hokkaido-Kürbis (600 g)
700 g festkochende Kartoffeln
1 Stange Lauch (nur das Grün; 200 g)
1 Fenchelknolle (250 g)
2 EL Olivenöl
1 TL Senfkörner
500 g Kabeljaufilet
Salz
1 Bio-Zitrone
Pfeffer
1 Msp. gemahlene Gewürznelken

1. Kürbis waschen, halbieren, Kerne und faserigen Innenteil entfernen. Kürbisfleisch in etwa 2 cm große Würfel schneiden.
2. Kartoffeln waschen, schälen und ebenfalls in etwa 2 cm große Würfel schneiden.
3. Das Grün vom Lauch der Länge nach halbieren, waschen und quer in 1 cm breite Ringe schneiden.
4. Fenchel waschen, putzen und das Grün beiseitelegen. Fenchel halbieren, vierteln und quer in feine Streifen schneiden.
5. Öl in einem Topf erhitzen. Kürbis, Kartoffeln und Senfkörner zufügen und kurz bei mittlerer Hitze andünsten.
6. 500 ml Wasser dazugießen, alles aufkochen und zugedeckt bei mittlerer Hitze 8–10 Minuten garen.
7. Inzwischen Kabeljaufilet abspülen, mit Küchenpapier trocken tupfen, eventuell noch vorhandene Gräten entfernen und das Filet in etwa 2 cm breite Streifen schneiden.
8. Fenchel und Lauch zum Gemüse geben und aufkochen.
9. Fisch salzen, ebenfalls zufügen und alles zugedeckt bei schwacher Hitze weitere 4 Minuten garen.
10. Zitrone heiß abspülen, trocken reiben und die Hälfte der Schale fein abreiben. Zitrone halbieren und eine Hälfte auspressen (restliche Zitrone anderweitig verwenden). Fenchelgrün in kleine Zweige zupfen.
11. Fischsuppe mit Salz, Pfeffer, Nelke und etwas Zitronensaft abschmecken. Mit Fenchelgrün und Zitronenschale bestreuen und servieren.

**NOCH SMARTER**

*Die köstliche Suppe gelingt auch gut mit anderem Seefisch. Hauptsache, er ist eher festfleischig – wie zum Beispiel Rotbarsch oder Lengfisch.*

## WARUM GESUND

*Kabeljau, Kürbis und Kartoffeln ergeben ein erfreulich kalorienarmes kulinarisches Team, das für reichlich Eiweiß und Vitamine sorgt. Der feine Fisch bringt außerdem das für die Schilddrüse wichtige Jod auf den Teller; der Fenchel macht die Suppe mit seinen ätherischen Ölen noch besser bekömmlich.*

# SCHMORHÄHNCHEN IN CREMIGER GURKEN-SENF-SOSSE

*Pro Portion: Kilokalorien: 433; Fett: 21 g; gesättigte Fettsäuren: 3,2 g; Eiweiß: 49 g; Kohlenhydrate: 8 g; Zucker: 0 g; Ballaststoffe: 3 g*

35 MIN.

*Zutaten für 2 Portionen*

1 große Salatgurke (ca. 500 g)
2 Hähnchenbrustfilets (ca. 375 g)
1 EL Öl
Salz
Pfeffer
100 ml Weißwein
150 ml laktosefreier Schmand
2 Stiele Petersilie
2 EL körniger Dijonsenf

1. Gurke putzen, schälen, halbieren, mit einem Löffel die Kerne herausschaben und in 1 cm große Würfel schneiden.
2. Hähnchenbrustfilets waschen, trocken tupfen und in 2 cm große Würfel schneiden.
3. Öl in einer beschichteten Pfanne erhitzen und das Fleisch darin rundherum anbraten. Herausnehmen, mit Salz und Pfeffer würzen und auf einem Teller beiseitestellen.
4. Gurkenwürfel in die Pfanne geben und 2 Minuten dünsten. Mit Salz und Pfeffer würzen.
5. Mit Weißwein ablöschen und um die Hälfte einkochen lassen.
6. Fleisch wieder in die Pfanne geben.
7. Schmand und 125 ml Wasser dazugeben, aufkochen und 4 Minuten köcheln lassen.
8. Petersilie waschen, trocken schütteln, Blätter abzupfen und grob hacken. Mit dem Senf in die Soße rühren, vom Herd nehmen und alles mit Salz und Pfeffer würzen. Dazu passt Reis.

## WARUM GESUND

*Hähnchenbrust ist mager und liefert viel Eiweiß, das besonders gut vom Körper verwertet werden kann. Außerdem ist sie eine gute Quelle für das Spurenelement Zink, das bei der Immunabwehr entscheidend mitspielt und die Wundheilung der Haut unterstützt.*

## NOCH SMARTER

*Während der Saison im Sommer sollten Sie dieses Rezept unbedingt einmal mit Schmorgurke probieren. Sie muss etwas länger garen als Salatgurke, hat aber mehr Aroma und schmeckt kräftiger.*

# GEMÜSE-QUINOA

*Pro Portion: Kilokalorien: 341; Fett: 16,5 g; gesättigte Fettsäuren: 2,3 g; Eiweiß: 9,3 g; Kohlenhydrate: 44,3 g; Zucker: 0 g; Ballaststoffe: 9,3 g*

45 MIN.

*Zutaten für 2 Portionen*

150 g Quinoa
Salz
4 Tomaten
1 Zucchini
2 gelbe Paprikaschoten
2 EL Olivenöl
1 Spritzer Zitronensaft
Pfeffer aus der Mühle
Currypulver
gemahlener Kreuzkümmel
1 EL gehackte Petersilie

1. Quinoa unter fließendem Wasser waschen, bis dieses klar bleibt. 300 ml leicht gesalzenes Wasser aufkochen lassen, Quinoa dazugeben und zugedeckt bei schwacher Hitze ca. 15 Minuten gar köcheln. Vom Feuer nehmen, falls nötig abgießen und auskühlen lassen.
2. Die Tomaten waschen, vierteln und entkernen und würfeln. Die Zucchini waschen und putzen. Paprikaschoten waschen, halbieren und putzen. Alles in Würfel schneiden.
3. Zucchini- und Paprikawürfel im heißen Öl in einer Pfanne 3–4 Minuten andünsten. Die Tomaten hinzufügen. Mit Salz, Zitronensaft, Pfeffer, Currypulver sowie Kreuzkümmel würzen.
4. Quinoa unterheben, alles nochmals kurz erhitzen. Petersilie darüberstreuen und servieren.

## WARUM GESUND

*Reichlich hochwertige Proteine und ein Eisenanteil von etwa elf Prozent: Quinoa ist besonders für Vegetarier und Veganer eine gute Wahl, denn genau an diesen Nährstoffen mangelt es bei fleischloser Ernährung schnell.*

## NOCH SMARTER

*Zur Abwechslung schmeckt dieses super schnelle Gericht auch wunderbar mit Hirse oder Reis statt Quinoa.*

# SNACKS UND KALTE GERICHTE

# ESKARIOL-MELONEN-SALAT MIT TOMATEN-MINZ-SALSA UND GARNELEN

*Pro Portion: Kilokalorien: 209; Fett: 5 g; gesättigte Fettsäuren: 0,8 g; Eiweiß: 24 g; Kohlenhydrate: 14 g; Zucker: 0 g; Ballaststoffe: 4 g*

25 MIN.

*Zutaten für 2 Portionen*

2 Fleischtomaten (à ca. 200 g)
1 Frühlingszwiebel (nur das Grün)
4 Stiele Minze
2 EL Apfelessig
½ TL Reissirup
Salz
Pfeffer
1 TL Distelöl
½ kleine Melone (z. B. Charentais, ca. 300 g)
½ kleiner Kopf Eskariol (Endivie; ca. 150 g)
1 TL Olivenöl
200 g geschälte gegarte Tiefseegarnelen

1. Die Tomaten waschen und die Stielansätze keilförmig herausschneiden. Tomaten in feine Würfel schneiden und in eine Schüssel geben.
2. Das Grün der Frühlingszwiebel putzen, waschen und in sehr feine Ringe schneiden.
3. Minze waschen, trocken schütteln, Blättchen abzupfen und in feine Streifen schneiden. Mit den Frühlingszwiebeln zu den Tomaten geben.
4. In einer Schüssel Essig, Reissirup, Salz und Pfeffer verrühren. Das Distelöl mit einem Schneebesen unterschlagen, die Soße unter das vorbereitete Gemüse mischen und kühl stellen.
5. Melone mit einem Löffel entkernen und mit einem Kugelausstecher das Fruchtfleisch ausstechen. (Oder Melone in Spalten schneiden, schälen und klein würfeln.)
6. Den Salat putzen, waschen, trocken schleudern und in mundgerechte Stücke zerteilen.
7. Garnelen abspülen und mit Küchenpapier trocken tupfen.
8. Olivenöl in einer Pfanne erhitzen. Garnelen darin unter Rühren etwa 2 Minuten braun braten und mit Pfeffer würzen.
9. Melone, Salat und Garnelen auf einer Platte anrichten. Minz-Tomaten-Salsa darüberträufeln und sofort servieren.

## WARUM GESUND

*Ganz Hungrige können hier ohne Weiteres auch doppelt zugreifen, denn mit knapp 210 Kalorien und ganzen 5 Gramm Fett fällt eine Portion kaum ins Gewicht. Aber der Salat hat noch mehr zu bieten: eine richtig dicke Portion der Vitamine C und E plus Jod.*

## NOCH SMARTER

*Bei Salat- und Melonensorte können Sie nach Lust und Laune variieren, denn das Ganze schmeckt z. B. auch mit Römersalat und mit Honig- oder Netzmelone.*

# MOZZARELLA-MÖHREN-SALAT MIT ZITRONEN-THYMIAN-DRESSING

*Pro Portion: Kilokalorien: 239; Fett: 15 g; gesättigte Fettsäuren: 4,9 g; Eiweiß: 10 g; Kohlenhydrate: 14 g; Zucker: 2 g; Ballaststoffe: 9 g*

1 STD.

*Zutaten für 2 Portionen*

1 EL Pinienkerne
1 Bund junge Möhren (mit Grün, ca. 500 g)
½ Bio-Zitrone
2 Stiele Zitronenthymian
1 EL Rapsöl
1 Stück Ingwer (ca. 20 g)
Salz
Pfeffer
1 TL Ahornsirup
125 g laktosefreier Mozzarella

1. Pinienkerne in einer Pfanne ohne Fett rösten und auf einem Teller abkühlen lassen.
2. Von den Möhren das Grün abschneiden. Gründlich abbürsten, unter kaltem Wasser abspülen und abtropfen lassen. Je nach Dicke der Länge nach vierteln oder halbieren.
3. Die halbe Zitrone heiß abspülen, trocken reiben und die Schale fein abreiben. Zitrone auspressen.
4. Zitronenthymian waschen, trocken schütteln und die Blättchen abzupfen.
5. Ingwer schälen und fein reiben oder sehr fein hacken.
6. Öl in einer Pfanne erhitzen, Ingwer darin andünsten. Möhren zugeben und unter Wenden ca. 4 Minuten andünsten.
7. Möhren mit Salz, Pfeffer, Zitronenthymian und Ahornsirup würzen. 4 EL Wasser dazugießen und alles zugedeckt bei schwacher Hitze etwa 5 Minuten dünsten.
8. Zitronensaft und -schale unter die Möhren rühren und das Gemüse aus der Pfanne nehmen. Mit Salz und Pfeffer abschmecken; ca. 20–30 Minuten abkühlen lassen.
9. Mozzarella würfeln. Mit den Pinienkernen unter die Möhren mischen und servieren.

### NOCH SMARTER

*Sie mögen Möhren richtig gern? Dann probieren Sie es mal mit Moormöhren (z. B. aus dem Bioladen): Sie schmecken besonders intensiv, müssen allerdings geschält werden.*

## WARUM GESUND

*Wer hier zugreift, tut etwas für eine schöne Haut und ein gutes Sehvermögen, denn eine Portion des Salats bringt satte 300 Prozent des täglichen Bedarfs an Vitamin A. Pinienkerne und Rapsöl sorgen außerdem für einen Schuss ungesättigte Fettsäuren – das freut Herz und Gefäße!*

# RADIESCHEN-REIS-SALAT MIT GURKE UND KASSLER

*Pro Portion: Kilokalorien: 227; Fett: 7 g; gesättigte Fettsäuren: 1,4 g; Eiweiß: 8 g; Kohlenhydrate: 31 g; Zucker: 0 g; Ballaststoffe: 2 g*

1 STD.

*Zutaten für 4 Portionen*

1 Bio-Orange
Salz
150 g Vollkornreis
1 kleine Salatgurke (ca. 300 g)
1 Bund Radieschen
3 EL Obstessig
Salz
Pfeffer
2 EL Keimöl
100 g Kassler-Aufschnitt

1. Orange heiß abspülen und trocken reiben. Mit einem Sparschäler die Hälfte der Schale in dünnen Streifen abschälen. Orange halbieren und auspressen.
2. Orangenschale in 600 ml leicht gesalzenem Wasser aufkochen. Vollkornreis dazugeben, umrühren, aufkochen und bei schwacher Hitze etwa 25 Minuten zugedeckt garen.
3. Orangenschale entfernen. Reis in eine Schüssel umfüllen und abkühlen lassen.
4. Salatgurke waschen, längs halbieren, mit einem Teelöffel entkernen und die Gurke quer in dünne Scheiben schneiden.
5. Radieschen von den Blättern trennen, waschen, putzen und ebenfalls in dünne Scheiben schneiden. Zarte Blätter gut waschen, trocken schütteln und beiseitelegen.
6. 50 ml Orangensaft mit 2 EL Essig, Salz, Pfeffer und Öl verrühren. Unter den Reis mischen.
7. Radieschen- und Gurkenscheiben dazugeben und den Reissalat 15 Minuten durchziehen lassen.
8. Kassler-Aufschnitt in Streifen schneiden und unter den Salat heben.
9. Radieschenblätter in feine Streifen schneiden und unter den Salat mischen. Salat mit Salz, Pfeffer, restlichem Essig und Orangensaft abschmecken.

### NOCH SMARTER

*Prima als leichtes Mittagessen an warmen Tagen und auch gut geeignet für die Büro-Pause: Der Reis lässt sich am Abend garen; morgens ist der Salat dann schnell zubereitet, eingepackt und kann unterwegs durchziehen. Wer ihn vegetarisch möchte, nimmt mageren körnigen Frischkäse statt Kasseler.*

WARUM GESUND

*Eine Portion liefert ein Drittel Ihres täglichen Magnesiumbedarfs. Der Mineralstoff reguliert das Zusammenziehen und Erschlaffen der Muskeln und die normale Funktion des zentralen Nervensystems. Außerdem ist Magnesium am Aufbau von Knochen und Zähnen beteiligt. Übrigens: Sowohl bei körperlichem wie psychischem Stress besteht ein erhöhter Magnesiumbedarf.*

# RUCOLASALAT MIT FENCHEL UND PARMESAN

*Pro Portion: Kilokalorien: 300; Fett: 25 g; gesättigte Fettsäuren: 6,2 g; Eiweiß: 8 g; Kohlenhydrate: 9 g; Zucker: 3 g; Ballaststoffe: 4,5 g*

25 MIN.

*Zutaten für 2 Portionen*

1 Fenchelknolle (ca. 250 g)
1 Bund Rucola (ca. 75 g)
1 Mini-Salatgurke
30 g Parmesan
2 EL Balsamessig
1 TL Ahornsirup
Salz
Pfeffer
4 EL Olivenöl

1. Fenchel waschen, putzen, dabei den Strunk größtenteils herausschneiden. Das feine Grün hacken.
2. Fenchel auf einem Gemüsehobel in sehr dünne Scheiben schneiden.
3. Rucola putzen, waschen und trocken schleudern.
4. Salatgurke schälen, der Länge nach halbieren, mit einem Teelöffel entkernen und in sehr feine Würfel schneiden.
5. Parmesan mit einem Sparschäler in Späne hobeln.
6. Balsamessig, Ahornsirup, Salz, Pfeffer, Olivenöl und Fenchelgrün mit einem Schneebesen oder einem Esslöffel zu einer Salatsoße verrühren und die Gurkenwürfel unterrühren.
7. Fenchel und Rucola mit der Salatsoße vermischen und auf Teller geben. Mit Parmesan und Pfeffer bestreuen.

## WARUM GESUND

*Knackiger lässt sich ein Kick für die Abwehrkräfte kaum verpacken: Fenchel und Rucola bringen derart viel immunstärkendes Vitamin C mit, dass allein eine Portion dieses würzigen Salates über 80 Prozent des Tagesbedarfs deckt. Schützenhilfe gibt es vom Spurenelement Zink, das ebenso wie Vitamin C für Immunpower sorgt.*

## NOCH SMARTER

*Verwenden Sie möglichst Rucola aus kontrolliert biologischem Anbau! Denn in der Biovariante enthalten die würzigen Blätter deutlich weniger Nitrat als die konventionell gezüchtete Konkurrenz.*

# FRUCHTIGER MATJES-MELONEN-SALAT

*Pro Portion: Kilokalorien: 373; Fett: 25 g; gesättigte Fettsäuren: 4,7 g; Eiweiß: 20 g; Kohlenhydrate: 15 g; Zucker: 2 g; Ballaststoffe: 3 g*

25 MIN.

*Zutaten für 4 Portionen*

100 g Rucola
1 rote Chilischote
1 süße Melone (z.B. Cantaloupe; ca. 1,2 kg)
2 EL heller Balsamessig
Salz
Pfeffer
1 TL Rohrzucker
4 EL Olivenöl
3 Stiele Minze
4 Matjesfilets (à 100 g)

## WARUM GESUND

*Dieser Salat enthält gleich mehrere Komponenten für ein gesundes Herz-Kreislauf-System. So gilt Hering als eine der besten Vitamin-D-Quellen überhaupt – Studien zeigen: Ein Mangel an diesem Vitamin steigert das Risiko für Herz-Kreislauf-Erkrankungen. Herzgesunde Omega-3-Fettsäuren liefert der fettreiche Seefisch gleich mit.*

## NOCH SMARTER

*Beilagentipp: kräftiges Vollkorn-Schwarzbrot (ohne Gluten) enthält sättigende und blutzucker-regulierende Ballaststoffe.*

1. Rucola putzen, waschen, trocken schleudern und grobe Stiele abschneiden.
2. Chilischote waschen, putzen, längs aufschneiden, entkernen und fein hacken.
3. Melone halbieren, mit einem Löffel entkernen, in Spalten schneiden und schälen.
4. Fruchtfleisch in grobe Stücke schneiden und mit Rucola in einer Schüssel mischen.
5. Balsamessig mit Salz, Pfeffer und Zucker verrühren, bis sich Salz und Zucker gelöst haben. Olivenöl unterrühren.
6. Minze waschen, trocken schütteln, Blättchen abzupfen und grob hacken. Mit Chili unter die Salatsoße rühren.
7. Matjesfilets abspülen, mit Küchenpapier trocken tupfen und in etwa 2 cm große Stücke schneiden. Mit Rucola und Melone mischen, mit dem Dressing beträufeln und servieren.

# RADIESCHEN-KARTOFFEL-SUPPE MIT SCHMAND

*Pro Portion: Kilokalorien: 81; Fett: 4 g; gesättigte Fettsäuren: 1,8 g; Eiweiß: 3 g; Kohlenhydrate: 7 g; Zucker: 0 g; Ballaststoffe: 2,5 g*

**40 MIN.**

*Zutaten für 2 Portionen*

- 1 Bund Bio-Radieschen
- 2 Frühlingszwiebeln (nur das Grün)
- 1 mehligkochende Kartoffel (ca. 70 g)
- ½ EL laktosefreie Butter
- Salz
- weißer Pfeffer
- ½ Zitrone
- 2 EL laktosefreier Schmand
- Muskatnuss

1. Radieschen von den Blättern trennen. Die Blätter waschen und putzen, einige zarte Blätter beiseitelegen, den Rest grob zerschneiden. Einige schöne Radieschen für die Garnitur beiseitelegen, die restlichen Radieschen anderweitig verwenden.
2. Das Grün der Frühlingszwiebeln waschen, trocken schütteln und in feine Ringe schneiden.
3. Kartoffel waschen, schälen und fein würfeln.
4. Butter in einem Topf erhitzen, zerkleinerte Radieschenblätter und Zwiebelgrün darin 2 Minuten unter gelegentlichem Rühren bei mittlerer Hitze andünsten.
5. Kartoffeln unterrühren. 400 ml Wasser, salzen und pfeffern. Einmal aufkochen lassen und dann zugedeckt 20 Minuten bei schwacher Hitze köcheln lassen.
6. Inzwischen die halbe Zitrone auspressen. Beiseitegelegte Radieschen waschen, putzen und ungeschält in möglichst dünne Scheiben schneiden.
7. Die Suppe mit einem Stabmixer sehr fein pürieren. Schmand unterrühren und die Suppe kurz aufkochen lassen. Etwas Muskat direkt in den Topf reiben und die Suppe mit Salz, Pfeffer und etwa 2 TL Zitronensaft abschmecken.
8. Suppe mit dem Stabmixer nochmals kurz aufmixen. In vorgewärmten Tellern anrichten. Mit den beiseitegelegten Radieschenblättern und den Radieschenscheiben garnieren.

### NOCH SMARTER

*Die Suppe macht sich hervorragend als leichte Vorspeise oder als ausgesprochen schlankes Abendessen.*

## WARUM GESUND

*Diese kalorienarme Kartoffelcremesuppe kommt mit ganz wenig Fett aus; die reichlich enthaltenen Ballaststoffe verleihen aber dennoch ein lang anhaltendes Sättigungsgefühl. Die ebenfalls bestens vertretenen Vitamine A und C fangen zellschädigende Sauerstoffverbindungen ab.*

# TOMATENSUPPE MIT BASILIKUM UND ZITRONENJOGHURT

*Pro Portion: Kilokalorien: 232; Fett: 12,5 g; gesättigte Fettsäuren: 2,3 g; Eiweiß: 8 g; Kohlenhydrate: 13 g; Zucker: 1 g; Ballaststoffe: 3,5 g*

**50 MIN. + 12 STUNDEN RUHEPHASE**

*Zutaten für 4 Portionen*

- 1 Bio-Zitrone
- 300 g laktosefreier Joghurt (1,5 % Fett)
- Salz
- Pfeffer
- 4 Stiele Basilikum
- 2 Dosen geschälte Tomaten (à ca. 800 g)
- 1 EL Olivenöl
- 1 EL Knoblauchöl
- 150 ml laktosefreie H-Sahne zum Kochen
- Zucker

1. Zitrone heiß abspülen und trocken reiben. Die Schale fein abreiben und mit Joghurt, etwas Salz und Pfeffer in einer Schüssel verrühren.
2. Joghurt mehrere Stunden – am besten über Nacht – in einem mit einer Kaffeefiltertüte ausgelegten Sieb abtropfen lassen.
3. Basilikum waschen, trocken schütteln, von 1 Stiel die Blätter abzupfen und beiseitelegen.
4. Dosentomaten in der Dose oder in einer Schüssel zerdrücken.
5. Oliven- und Knoblauchöl in einem Topf erhitzen. Tomaten und 3 Basilikumstiele dazugeben, mit 700 ml Wasser auffüllen und zum Kochen bringen.
6. Bei mittlerer Hitze 20 Minuten kochen lassen. Basilikum entfernen und die Tomatensuppe sehr fein pürieren.
7. Sahne in die Tomatensuppe geben und erneut aufkochen. Mit Salz, Pfeffer und 1 Prise Zucker abschmecken.
8. Tomatensuppe in Teller geben und den Joghurt darüber verteilen. Mit Basilikumblättchen garnieren.

## WARUM GESUND

*Hier haben die Tomaten ihren ganz großen Auftritt und überzeugen mit einem hohen Gehalt an Lycopin. Das Carotinoid ist für die rote Farbe verantwortlich und schützt als Antioxidans unsere Zellen vor freien Radikalen.*

## NOCH SMARTER

*Für alle, die auf Suppeneinlagen nicht verzichten möchten: Kleine Fleischklößchen sorgen für mehr Sättigung. Auch grob geraffelter Parmesan schmeckt köstlich zur Tomatensuppe und versorgt Sie mit Kalzium und Eiweiß.*

# MOZZARELLA-MELONEN-SALAT MIT HIMBEEREN

*Pro Portion: Kilokalorien: 141; Fett: 8 g; gesättigte Fettsäuren: 2,7 g; Eiweiß: 8 g; Kohlenhydrate: 8 g; Zucker: 0 g; Ballaststoffe: 4,5 g*

20 MIN.

*Zutaten für 4 Portionen*

- 2 EL weißer Balsamessig
- Salz
- Pfeffer
- 2 EL Olivenöl
- 125 g laktosefreier Mozzarella
- ½ reife Melone (ca. 500 g, z.B. Galia oder Charentais)
- 200 g Himbeeren
- 2 Römersalatherzen (à ca. 100 g)

## WARUM GESUND

*Vor allem in sonnenreichen Monaten braucht die Haut viele Antioxidantien, damit die wärmenden Strahlen keinen Schaden anrichten können – dafür ist der üppige Gehalt an Vitamin A und C in diesem sommerlichen Salat perfekt.*

## NOCH SMARTER

*Machen Sie den Melonentest und schnuppern Sie vor dem Kauf am Stielansatz: Wenn Ihnen ein fruchtiges Aroma in die Nase steigt, greifen Sie unbesorgt zu. Null Duft hingegen bedeutet, dass die Frucht noch nicht reif ist.*

1. Balsamessig, 3 EL Wasser, Salz und Pfeffer in eine Schüssel geben. Olivenöl zugeben und alles verquirlen.
2. Mozzarella abtropfen lassen und in Scheiben schneiden.
3. Die Kerne der Melone mit einem Löffel entfernen und das Fruchtfleisch mit einem Kugelausstecher aus der Schale lösen.
4. Himbeeren verlesen, vorsichtig waschen und gut abtropfen lassen.
5. Römersalatherzen putzen, waschen, trocken schleudern und grob zerpflücken. Mit etwa 2/3 der Soße mischen, mit Salz und Pfeffer abschmecken.
6. Den Salat mit den übrigen vorbereiteten Zutaten auf Tellern anrichten, mit restlicher Soße beträufeln und sofort servieren.

# KARTOFFEL-RADIESCHEN-SALAT

*Pro Portion: Kilokalorien: 375; Fett: 17 g; gesättigte Fettsäuren: 3 g; Eiweiß: 11 g; Kohlenhydrate: 43 g; Zucker: 6,6 g; Ballaststoffe: 5 g*

55 MIN.

*Zutaten für 4 Portionen*

800 g festkochende Kartoffeln
4 EL Rapsöl
½ Bund Radieschen
½ Salatgurke
4 EL Weißweinessig
Salz
Pfeffer aus der Mühle
150 g laktosefreier Joghurt (1,5 %)
1 Beet Gartenkresse
3 Eier

1. Kartoffeln schälen und in dünne Scheiben schneiden. In 2 EL heißem Öl in einem Topf kurz andünsten. 1/4 l Wasser angießen, aufkochen und zugedeckt ca. 15 Minuten köcheln lassen.
2. Die Radieschen waschen, putzen und in Scheiben oder Spalten schneiden. Gurke schälen, längs halbieren, entkernen und quer in Scheiben schneiden.
3. Kartoffeln mit der Brühe in eine Schüssel umfüllen. Essig, Salz, Pfeffer und restliches Öl mit dem Joghurt glatt rühren.
4. Radieschen, Gurke und 2–3 EL Kresse zu den Kartoffeln geben. Soße zufügen, alles vorsichtig mischen und noch ca. 20 Minuten ziehen lassen.
5. Inzwischen die Eier hart kochen, kalt abschrecken, pellen und längs vierteln.
6. Den Salat nochmals abschmecken, mit Eiervierteln und Kresse garnieren und servieren.

## WARUM GESUND

*Hier kommt der volle Genuss auf den Teller – aber deutlich schlanker und besonders reich an wertvollen Nährstoffen, allen voran Eiweiß.*

## NOCH SMARTER

*Wer richtig Kalorien sparen möchte, der bereitet die Kartoffeln ohne Öl zu.*

# GEFÜLLTE PAPRIKAVIERTEL

*Pro Portion: Kilokalorien: 99; Fett: 2 g; gesättigte Fettsäuren: 0,6 g; Eiweiß: 5 g; Kohlenhydrate: 15 g; Zucker: 1 g; Ballaststoffe: 9,5 g*

30 MIN.

*Zutaten für 2 Portionen*

4 kleine Paprikaschoten (je 2 gelbe und rote, à ca. 125 g)
½ kleine Zitrone
Salz
Pfeffer
½ TL Ahorn- oder Reissirup
½ Bund glatte Petersilie
Paprikapulver (edelsüß)
1 Scheibe Edamer (30 g; 10 % Fett)
1 Scheibe glutenfreies Vollkornbrot (40 g)

## WARUM GESUND

*Die Häppchen enthalten pro Portion bereits ein Drittel des Tagesbedarfs an Ballaststoffen, die gut für die Verdauung und den Darm sind. Zusätzlich bekommen Sie potente Antioxidantien geliefert, die freie Radikale neutralisieren und Ihren Körper vor schädigenden Einflüssen schützen.*

## NOCH SMARTER

*Bevorzugen Sie Paprikaschoten aus ökologischem Anbau: Sie enthalten weniger Wasser als konventionell angebaute; dafür sind sie vitalstoffreicher und viel aromatischer im Geschmack.*

1. Paprikaschoten längs halbieren, vierteln, entkernen, waschen und in einem Sieb abtropfen lassen.
2. Je 3 rote und gelbe Paprikaviertel beiseitelegen; die restlichen Stücke in etwa 5 mm große Würfel schneiden.
3. Die Zitrone auspressen.
4. 1 EL Zitronensaft in eine Schüssel geben. Paprikawürfel, 3 EL Wasser, Salz, Pfeffer und Sirup zufügen. Alles gut mischen und 15 Minuten ziehen lassen.
5. Petersilie waschen, trocken schütteln und die Blätter abzupfen. Einige Blätter beiseitelegen, den Rest mit einem großen Messer fein hacken.
6. Gehackte Petersilie unter die Paprikawürfel heben. Mit Salz, Pfeffer, Paprikapulver und restlichem Zitronensaft abschmecken. Die beiseitegelegten Paprikaviertel damit füllen und auf Teller oder eine Platte setzen.
7. Edamer in schmale Streifen schneiden, auf den Paprikavierteln verteilen und mit der restlichen Petersilie garnieren. Brot halbieren und dazu servieren.

# BUNTER MELONEN-SCHINKEN-SALAT

*Pro Portion: Kilokalorien: 534; Fett: 37,5 g; gesättigte Fettsäuren: 15 g; Eiweiß: 28,5 g; Kohlenhydrate: 21 g; Zucker: 19 g; Ballaststoffe: 3,5 g*

20 MIN.

*Zutaten für 4 Portionen*

1 kleine Cantaloupe-Melone (ca. 700g)

1 kleine Galiamelone (ca. 700 g)

2 hart gekochte Eier

250 g laktosefreier Mozzarella

200 g Parma-Schinken in dünnen Scheiben

1 Handvoll Basilikumblätter

2 EL Zitronensaft

4 EL Olivenöl

Pfeffer aus der Mühle

## WARUM GESUND

*Die köstlichen Melonen bringen eine üppige Portion Vitamin C auf den Teller und sorgen für reichlich Kalium, das den Flüssigkeitshaushalt in der Balance hält.*

## NOCH SMARTER

*Wenn Sie gerne fleischlos genießen, umso besser: Dann sinkt zwar der Eiweißanteil des Salats – aber auch der Fett- und Kaloriengehalt!*

1. Die Melonen halbieren und entkernen. Die Hälften in Spalten schneiden und die Schale abschneiden. Jeweils bunt gemischt auf großen Tellern anrichten.
2. Die Eier pellen und halbieren. Den Mozzarella gut abtropfen lassen und in grobe Stücke zerpflücken. Mit dem Ei und dem Schinken dekorativ zu den Melonenspalten legen. Das Basilikum grob hacken oder zerpflücken und über den Salat streuen.
3. Den Zitronensaft mit dem Öl verrühren. Über den Salat träufeln und mit gemahlenem Pfeffer servieren.

# ÜBERBACKENE CIABATTABRÖTCHEN MIT SERRANO-SCHINKEN

*Pro Portion: Kilokalorien: 298; Fett: 11 g; gesättigte Fettsäuren: 5,4 g; Eiweiß: 14 g; Kohlenhydrate: 33 g; Zucker: 0 g; Ballaststoffe: 3,5 g*

35 MIN.

*Zutaten für 4 Portionen*

10 kleine Tomaten (à 40 g)
125 g laktosefreier Mozzarella
50 g grüne Oliven (ohne Stein)
6 glutenfreie Ciabattabrötchen (zum Aufbacken, 250 g)
Pfeffer
½ Bund Rucola
50 g Serrano-Schinken (in dünnen Scheiben)

1. Die Tomaten waschen, Stielansätze keilförmig herausschneiden und Tomaten in etwa 5 mm dicke Scheiben schneiden.
2. Mozzarella abtropfen lassen und in dünne Scheiben schneiden.
3. Die Oliven ebenfalls abtropfen lassen und fein hacken.
4. Ein Backblech mit Backpapier auslegen. Die Brötchen waagerecht halbieren und auf dem Backblech verteilen.
5. Mit Oliven bestreuen, mit Tomatenscheiben belegen und pfeffern. Mozzarella darauf verteilen und im vorgeheizten Backofen bei 200 °C (Umluft: 180 °C, Gas: Stufe 3) etwa 15 Minuten überbacken.
6. Inzwischen Rucola waschen, trocken schleudern und putzen. Schinken in feine Streifen schneiden. Beides dekorativ auf den überbackenen Brötchen anrichten und sofort servieren.

## WARUM GESUND

*Verglichen mit anderen Wurst- und Fleischwaren gilt Serrano-Schinken zu Recht als kalorienarm. Ohne Fettrand bringen es 100 g auf nur rund 3 g Fett. Dafür enthält der spanische Leckerbissen umso mehr nervenstärkende B-Vitamine, außerdem viel Eiweiß und Eisen.*

## NOCH SMARTER

*Wer ein paar Ballaststoffe extra auf dem Teller haben möchte, ersetzt die Ciabattabrötchen durch glutenfreie Mehrkornbrötchen zum Aufbacken.*

# THAI-FRÜHLINGSROLLEN MIT SCHWEINEHACK, SALAT UND GLASNUDELN

*Pro Portion: Kilokalorien: 459; Fett: 21 g; gesättigte Fettsäuren: 6,2 g; Eiweiß: 25 g; Kohlenhydrate: 40 g; Zucker: 18 g; Ballaststoffe: 3 g*

**1 STD. 10 MIN.**

*Zutaten für 4 Portionen*

75 g Rohrzucker
1 grüne Chilischote
2 Möhren
75 ml Reisessig oder Weißweinessig
1 Stück Ingwer (ca. 30 g)
350 g Schweinehackfleisch
Salz
Pfeffer
2 EL Öl
100 g Glasnudeln
1 Mini-Salatgurke
1 Stück Rettich (ca. 125 g)
1 Bund Thai-Basilikum
12 Blätter Kopfsalat
8 Blätter Reispapier (30 cm Ø)
Schnittlauch nach Belieben

1. Zucker mit 75 ml Wasser unter Rühren zum Kochen bringen, abkühlen lassen. Chilischote längs halbieren, entkernen, gründlich waschen und quer in feine Streifen schneiden. 1 Möhre schälen und in sehr feine Streifen schneiden.
2. Chilischote, Möhrenstreifen und Essig mit dem Zuckerwasser mischen und mindestens 1 Stunde bei Zimmertemperatur ziehen lassen.
3. Inzwischen Ingwer schälen und fein hacken. Mit dem Hack mischen, salzen und pfeffern.
4. Öl in einer beschichteten Pfanne erhitzen und das Hack darin bei starker Hitze ca. 10 Minuten unter ständigem Rühren knusprig braten. Herausnehmen und auf Küchenpapier abtropfen und abkühlen lassen.
5. Die Glasnudeln in eine Schüssel geben und mit sehr heißem Wasser übergießen, 15 Minuten einweichen. Abgießen und gut abtropfen lassen, anschließend mit einer Schere etwas klein schneiden.
6. Gurke putzen, waschen und in sehr feine Streifen schneiden. Die 2. Möhre und den Rettich schälen und ebenfalls in sehr feine Streifen schneiden.
7. Thai-Basilikum waschen, trocken schütteln, Blätter abzupfen und grob hacken. Salat putzen, waschen und trocken schleudern.
8. Jeweils 2 Blätter Reispapier 45 Sekunden in ca. 50 °C warmem Wasser einweichen, aus dem Wasser nehmen und stark überlappend auf ein feuchtes Küchentuch legen.

### WARUM GESUND

*Die würzige Thai-Rolle punktet mit reichlich Eiweiß und einer guten Portion Vitamin B12 aus dem Schweinefleisch.*

9. 3 Salatblätter darauflegen und die übrigen vorbereiteten Zutaten darauf verteilen, dabei an allen Seiten einen Rand von mindestens 2 cm frei lassen.
10. Die Reisblätter mithilfe des Küchentuchs fest aufrollen, mit den weiteren Blättern wie oben verfahren. Vor dem Servieren in breite Stücke schneiden und nach Belieben mit Schnittlauchhalmen verzieren. Thai-Rollen zusammen mit der Soße servieren.

## NOCH SMARTER

*Probieren Sie die asiatische Spezialität ruhig auch einmal mit fettarmem Geflügelhackfleisch! Immer mehr Supermärkte haben diese Hackfleischvariante mittlerweile fest in ihr Sortiment aufgenommen (ansonsten vorbestellen).*

# POCHIERTE EIER AUF SPINAT MIT ROTWEINSOSSE

*Pro Portion: Kilokalorien: 358; Fett: 19 g; gesättigte Fettsäuren: 5 g; Eiweiß: 21 g; Kohlenhydrate: 20 g; Zucker: 3 g; Ballaststoffe: 6 g*

20 MIN.

*Zutaten für 2 Portionen*

3 TL Olivenöl
1 TL Zucker
200 ml Rotwein
Salz
Pfeffer
250 g junger Blattspinat
Muskatnuss
2 EL Weißweinessig
4 Eier
2 Scheiben glutenfreies Toastbrot

1. 1 TL Öl erhitzen, Zucker einstreuen, Rotwein zugeben und aufkochen. Bei mittlerer Hitze auf 1/3 reduzieren. Salzen, pfeffern und warm stellen.
2. Spinat gut waschen und abtropfen lassen. Restliches Öl in einer Pfanne erhitzen, Spinat zufügen und in 3–4 Minuten zusammenfallen lassen. Etwas Muskat dazureiben, salzen und pfeffern.
3. 1 l Wasser mit dem Weißweinessig aufkochen. Die Eier vorsichtig in eine Schüssel aufschlagen, sodass die Dotter heil bleiben.
4. Das kochende Essigwasser mit einem Schneebesen kräftig durchrühren.
5. Nun die Eier hineingleiten lassen (durch die Drehung des Wassers trennen sie sich sofort voneinander).
6. Das Wasser wieder aufkochen. Dann den Topf von der Herdplatte nehmen und die Eier 3–4 Minuten gar ziehen lassen (pochieren).
7. Eier mit einer Schaumkelle herausheben und abtropfen lassen. Spinat auf Teller geben und die Eier daraufsetzen. Mit der Weinsoße beträufeln und servieren. Brot im Toaster rösten und dazu reichen.

## NOCH SMARTER

*Absolute Frische ist das Geheimnis bei perfekt pochierten Eiern: Das Eiweiß ist dann noch schön kompakt und haftet besser am Eigelb. So fließt es im Essigsud nicht zu sehr auseinander.*

## WARUM GESUND

*Hühnereiweiß liefert alle essentiellen Aminosäuren und hat die höchste biologische Wertigkeit. Das heißt, es wird von unserem Körper zu 100 Prozent in eigenes Protein umgebaut. Das im Eigelb enthaltene Lecithin stärkt die Nerven. Und neueste Studien zeigen: Eier beeinflussen den Cholesterinspiegel kaum.*

# AUBERGINEN-BRUSCHETTA

*Pro Portion: Kilokalorien: 212; Fett: 5 g; gesättigte Fettsäuren: 0,9 g; Eiweiß: 6 g; Kohlenhydrate: 32 g; Zucker: 0 g; Ballaststoffe: 7 g*

1 STD. 30 MIN.

*Zutaten für 4 Portionen*

2 Auberginen (ca. 600 g)
2 EL Olivenöl
4 Zweige Thymian
Salz
Pfeffer
½ Zitrone
3 Stiele Basilikum
250 g glutenfreies Brot
grobes Meersalz

1. Auberginen waschen, trocken reiben, längs halbieren, das Fruchtfleisch mit einem Messer mehrmals einritzen und die Hälften auf einem Backblech verteilen.
2. Olivenöl sparsam über die Auberginen träufeln.
3. Thymian abspülen, trocken schütteln. Auberginen mit Salz und Pfeffer würzen, Thymian darauf verteilen. Im vorgeheizten Backofen bei 200 °C (Umluft: 180 °C, Gas: Stufe 2–3) ca. 40 Minuten garen.
4. Auberginen aus dem Ofen nehmen und etwas abkühlen lassen, Thymian entfernen. Das Fruchtfleisch mit einem Löffel aus den Schalen kratzen.
5. Fruchtfleisch fein hacken und in eine Schüssel geben. Zitrone auspressen. Das Mus mit ca. 2 EL Zitronensaft, Salz und Pfeffer abschmecken.
6. Basilikum abspülen, trocken schütteln und Blätter abzupfen, fein hacken und unter das Mus mischen.
7. Brot in ca. 1 cm dicke Scheiben schneiden. Eine Grillpfanne (oder normale Pfanne) erhitzen, die Brotscheiben darin von beiden Seiten knusprig braun anrösten.
8. Auberginenmus auf den Brotscheiben verteilen, mit etwas grobem Meersalz und evtl. einigen Basilikumblättchen garnieren und sofort servieren.

## WARUM GESUND

*Ob als Vorspeise oder als Snack: Das Brot liefert nicht nur den knusprigen Unterbau für das Auberginenmus, es erhöht auch den Ballaststoffgehalt des Appetizers und macht lange satt.*

## NOCH SMARTER

*Auberginen saugen Öl auf wie ein Schwamm! Also sparsam damit umgehen.*